Jonction de Mugby

Charles Dickens

(Contributeur : Charles Collins, Amelia B. Edwards, Andrew Halliday, Hesba Stretton)

Writat

Cette édition parue en 2024

ISBN : 9789359943695

Publié par
Writat
email : info@writat.com

Contenu

FRÈRES BARBOX

je

"Garde! Quel endroit est-ce ?

« Mugby Junction, monsieur. »

« Un endroit venteux ! »

"Oui, c'est surtout le cas, monsieur."

"Et il a vraiment l'air mal à l'aise!"

"Oui, c'est généralement le cas, monsieur."

« Est-ce encore une nuit pluvieuse ? »

"Verse, monsieur."

"Ouvre la porte. Je vais sortir.

« Vous l'aurez fait, monsieur, » dit le garde, luisant de gouttes d'eau, et regardant le visage en larmes de sa montre à la lueur de sa lanterne tandis que le voyageur descendait, « trois minutes ici.

"Plus, je pense. — Car je ne continue pas."

"Je pensais que vous aviez un ticket direct, monsieur?"

« C'est ce que j'ai fait, mais je sacrifierai le reste. Je veux mes bagages.

« S'il vous plaît, venez à la camionnette et faites-le remarquer, monsieur. Soyez assez bon pour avoir l'air très élégant, monsieur. Pas un instant à perdre.

Le garde se précipita vers le fourgon à bagages et le voyageur se précipita après lui. Le garde y entra et le voyageur y regarda.

« Ces deux grands portemanteaux noirs dans le coin où brille votre lumière. Ceux sont les miens."

« Nom sur eux , monsieur ? »

« Frères Barbox . »

« Restez à l'écart, monsieur, s'il vous plaît. Un. Deux. Droite!"

Lampe agitée. Les feux de signalisation devant changent déjà. Cri du moteur. Le train est parti.

« Jonction Mugby ! » dit le voyageur en remontant à deux mains le cache-nez de laine autour de son cou. « Il était plus de trois heures d'un matin orageux ! Donc!"

Il se parlait tout seul. Il n'y avait personne d'autre à qui parler. Peut-être, même s'il y avait quelqu'un d'autre à qui parler, aurait-il préféré parler à lui-même. Se parlant à lui-même, il s'adressait à un homme de cinq ans ou plus, qui était devenu gris trop tôt, comme un feu négligé ; un homme aux habitudes réfléchies, au port de tête maussade et à la voix interne étouffée ; un homme avec de nombreux indices sur lui d'avoir été très seul.

Il restait inaperçu sur la morne plate-forme, sauf à cause de la pluie et du vent. Ces deux assaillants vigilants se précipitèrent sur lui. « Très bien, dit-il en cédant. « Cela ne me signifie rien de savoir vers quel côté je tourne mon visage. »

Ainsi, à Mugby Junction, vers trois heures passées d'un matin orageux, le voyageur se rendit là où le temps le conduisait.

Non pas qu'il puisse prendre position quand il le voulait, car, arrivant à l'extrémité de l'abri couvert (il est d'une étendue considérable à Mugby Junction) et regardant la nuit sombre, avec une aile spirituelle encore plus sombre de La tempête s'y frayait un chemin sauvage, il tourna la tête et se tint aussi fermement dans la direction difficile qu'il l'avait tenu dans la direction la plus facile. Ainsi, d'un pas régulier, le voyageur montait et descendait, montait et descendait, montait et descendait, ne cherchant rien et le trouvant.

Un lieu rempli de formes sombres, ce Mugby Junction dans les heures noires de vingt-quatre. De mystérieux trains de marchandises, couverts de draps et glissant comme de vastes funérailles étranges, s'éloignent coupablement de la présence des quelques lampes allumées, comme si leur fret avait atteint une fin secrète et illégale. Un demi-mile de charbon poursuivant à la manière d'un détective, suivant quand ils mènent, s'arrêtant quand ils s'arrêtent, reculant quand ils reculent. Des braises rouges pleuvaient sur le sol, le long de cette avenue sombre et le long de l'autre, comme si des feux de torture étaient ravagés ; en même temps, des cris, des gémissements et des grincements envahissent l'oreille, comme si les torturés étaient au comble de leur souffrance. Des cages à barreaux de fer pleines de bétail qui tintent à mi-chemin, des bêtes tombantes avec des cornes emmêlées, des yeux figés de terreur, et des bouches aussi : au moins, ils ont de longs glaçons (ou ce qui semble être le cas) suspendus à leurs lèvres. Des langues inconnues dans l'air, conspirant en caractères rouges, verts et blancs. Un tremblement de terre accompagné de tonnerre et d'éclairs, remontant l'express vers Londres.

Maintenant, tout calme, tout rouillé, le vent et la pluie en possession, les lampes éteintes, Mugby Junction mort et indistinct, avec sa robe tirée sur sa tête, comme César. Maintenant aussi, tandis que le voyageur attardé marchait de long en large, un train sombre passait près de lui dans l'obscurité qui n'était autre que le train de toute une vie. De quelque entaille profonde intangible ou tunnel sombre qu'il ait émergé, le voici venu, sans appel et à l'improviste, le volant et disparaissant dans l'obscurité. Ici, tristement disparu, un enfant qui n'avait jamais eu d'enfance ni connu de parent, inséparable d'un jeune avec un sentiment amer de son anonymat, couplé à un homme dont les meilleures années avaient été répugnantes et oppressantes, liées à un ami ingrat, entraînant après lui une femme autrefois aimée. Les soucis pesants, les méditations sombres, les déceptions énormes et obscures, les années monotones, une longue suite discordante de discordes d'une existence solitaire et malheureuse s'accompagnaient, avec bien des cliquetis et des déchirures.

« - Le vôtre, monsieur ? »

Le voyageur rappela ses yeux du désert qu'ils avaient contemplé et recula d'un pas environ sous la brusquerie, et peut-être par hasard, de l'opportunité de la question.

« Ô ! Mes pensées n'étaient pas là pour le moment. Oui. Oui. Ces deux valises sont à moi. Êtes-vous un porteur ?

« Sur le salaire de Porter, monsieur. Mais je suis Lampes.

Le voyageur parut un peu confus.

"Pour qui as-tu dit que tu étais?"

« Lampes, monsieur », montrant un chiffon huileux à la main, comme explication supplémentaire.

« Sûrement, sûrement. Y a-t-il un hôtel ou une taverne ici ?

« Pas exactement ici, monsieur. Il y a une buvette ici, mais... » Lamps , avec un air très sérieux, lança à sa tête un jet d'avertissement qui ajoutait clairement : « mais c'est une circonstance bénie pour vous qu'elle ne soit pas ouverte.

« Vous ne pourriez pas le recommander, je vois, s'il était disponible ?

« Demandez pardon, monsieur. Si c'était-?"

"Ouvrir?"

"Ce n'est pas à moi, en tant que serviteur rémunéré de la société, de donner mon opinion sur aucun des sujets de la société ", prononça-t-il plutôt comme des cure-dents, "au-delà de la lampile et des cotons", répondit Lamps d'un ton confidentiel. ; « mais en tant qu'homme, je ne recommanderais pas à mon père (s'il devait ressusciter) d'aller essayer comment il serait traité à la buvette. Je ne parle pas en tant qu'homme, non, je ne le ferais *pas* .

Le voyageur hocha la tête avec conviction. « Je suppose que je peux m'héberger en ville ? Il y a une ville ici ? Car le voyageur (bien qu'il soit resté à la maison par rapport à la plupart des voyageurs) avait été, comme beaucoup d'autres, transporté par les vents de vapeur et les marées de fer à travers ce carrefour auparavant, sans y avoir jamais, pour ainsi dire, débarqué.

« Oh oui, il y a une ville, monsieur. De toute façon, il y a assez de ville pour s'installer. Mais, suite au regard de l'autre sur ses bagages, nous sommes dans une période très morte de la nuit, monsieur. Le moment le plus mort. Je pourrais presque appeler cela notre période la plus morte et la plus enterrée .

"Pas de porteurs?"

«Eh bien, monsieur, vous voyez,» répondit Lamps, encore une fois confidentiel, «en général, ils partent avec le gaz. C'est comme ça. Et ils semblent vous avoir négligé pendant votre marche vers l' extrémité la plus éloignée de la plate-forme. Mais dans environ douze minutes, elle sera peut-être debout.

« Qui peut être debout ? »

« Les trois heures quarante-deux, monsieur. Elle s'en va dans un sidin jusqu'à ce que l'Up X passe, et alors elle, (ici un air de vague et d'espoir imprégnait Lamps), fait tout ce qui est en son pouvoir.

"Je doute de comprendre l'arrangement."

« Je doute que quiconque le fasse, monsieur. Elle est parlementaire, monsieur. Et, voyez-vous, un parlementaire ou un tirailleur … »

« Voulez-vous dire une excursion ? »

« C'est tout, monsieur. — Un parlementaire ou un tirailleur , c'est la plupart du *temps qu'elle* part dans un sidin . Mais quand elle en *a* l'occasion, elle s'en va, et elle se met à faire tout ce qui est en son pouvoir. » Lamps avait à nouveau l'air d'un homme très optimiste qui espérait le meilleur, « tout ce qui est en son pouvoir.

Il expliqua ensuite que les porteurs de service, devant accompagner la matrone parlementaire en question, se présenteraient sans aucun doute avec le gaz. En attendant, si le monsieur ne s'opposait pas beaucoup à l'odeur de l'huile de lampe et acceptait la chaleur de sa petite chambre . — Le monsieur étant à ce moment-là très froid, il termina immédiatement avec la proposition.

C'était une petite cabane graisseuse, évocatrice à l'odorat, d'une cabine de baleinier. Mais il y avait un feu vif qui brûlait dans sa grille rouillée, et sur le sol se trouvait un support en bois rempli de lampes fraîchement garnies et allumées, prêtes à être utilisées en voiture. Ils faisaient un spectacle lumineux, et leur lumière et leur chaleur expliquaient la popularité de la pièce, comme en témoignent de nombreuses impressions de pantalons de velours sur une forme près du feu, et de nombreuses taches arrondies et taches d'épaules de velours penchées sur le mur adjacent. Diverses étagères en désordre abritaient quantité de lampes et de bidons d'huile, ainsi qu'une collection odorante de ce qui ressemblait aux mouchoirs de poche de toute la famille des lampes.

Pendant que Barbox Brothers (c'est ainsi qu'on appelle le voyageur en ce qui concerne la garantie de ses bagages) prenait place sur le formulaire et réchauffait ses mains maintenant non gantées devant le feu, il jeta un coup d'œil de côté vers un petit bureau de sapin, très taché d'encre, que son coude avait marqué. touché. Sur celui-ci se trouvaient quelques bouts de papier grossier et un stylo en acier suranné dans des conditions très réduites et granuleuses.

Après avoir jeté un coup d'œil aux bouts de papier, il se tourna involontairement vers son hôte et dit avec une certaine rudesse :

"Eh bien, tu n'es jamais un poète, mec!"

Les lampes n'avaient certainement pas l'apparence conventionnelle d'une lampe, car il se frottait modestement son nez de pigeonneau avec un mouchoir si excessivement huileux qu'il aurait pu être en train de se prendre pour l'un de ses protégés. C'était un homme de rechange à peu près à l'époque de la vie des frères Barbox , avec ses traits fantaisistes tirés vers le haut comme s'ils étaient attirés par les racines de ses cheveux. Il avait un teint transparent particulièrement brillant, probablement dû à une application constante d'huile ; et ses beaux cheveux, coupés courts, grisonnants et dressés comme s'ils étaient à leur tour attirés par quelque aimant invisible au-dessus d'eux, le sommet de sa tête n'était pas très différent d'une mèche de lampe.

« Mais, bien sûr, cela ne me regarde pas », a déclaré Barbox Brothers. «C'était une observation impertinente de ma part. Soyez ce que vous aimez.

« Certaines personnes, monsieur, remarqua Lamps sur un ton d'excuse, sont parfois ce qu'elles n'aiment pas. »

"Personne ne le sait mieux que moi", soupira l'autre. «J'ai été ce que je n'aime pas toute ma vie.»

"Quand j'ai commencé, monsieur," reprit Lamps, "à composer de petites chansons de type Comic-Songs..."

Barbox Brothers le regardait avec une grande défaveur .

"... Composer de petites chansons de bandes dessinées - et ce qui était plus difficile - les chanter ensuite", a déclaré Lamps, "c'était à l'époque à contre-courant, c'était effectivement le cas."

Quelque chose qui n'était pas que de l'huile ici qui brillait dans les yeux de Lamps , Barbox Brothers retira le sien un peu déconcerté, regarda le feu et posa un pied sur la barre supérieure. "Pourquoi as-tu fait ça, alors?" » demanda-t-il après une courte pause ; assez brusquement mais sur un ton plus doux. « Si tu ne voulais pas le faire, pourquoi l'as-tu fait ? Où les as-tu chantés ? Un pub ?

À quoi M. Lamps répondit curieusement : « Au chevet ».

A ce moment, tandis que le voyageur le regardait pour s'éclairer, Mugby Junction sursauta brusquement, trembla violemment, et ouvrit ses yeux de gaz. "Elle s'est levée!" Lampes annoncées, excitées. « Ce qui est en son pouvoir est tantôt plus, tantôt moins ; mais il est en son pouvoir de se lever ce soir, par George !

La légende « Barbox Brothers », en grandes lettres blanches sur deux surfaces noires, roulait très peu de temps après sur un camion dans une rue silencieuse, et, alors que le propriétaire de la légende avait frissonné sur le trottoir une demi-heure, à quelle heure le portier frappa à la porte de l'auberge, il frappa d'abord toute la ville, et l'auberge en dernier, il se fraya un chemin à tâtons dans l'air étroit d'une maison fermée, et tâtonna ainsi entre les draps d'un lit fermé qui semblait avoir été expressément réfrigéré. pour lui lors de sa dernière création.

<h2 style="text-align:center">II</h2>

« Tu te souviens de moi, jeune Jackson ? »

« De quoi est-ce que je me souviens, sinon de toi ? Tu es mon premier souvenir. C'est toi qui m'as dit que c'était mon nom. C'est vous qui m'avez dit que chaque vingt décembre de ma vie il y avait un anniversaire de pénitence appelé anniversaire. Je suppose que la dernière communication était plus vraie que la première ! »

« Comment suis-je, jeune Jackson ? »

« Tu es comme un fléau toute l'année pour moi. Espèce de femme dure, aux lèvres fines, répressive et immuable, portant un masque de cire. Vous êtes comme le diable pour moi ; surtout quand vous m'apprenez des choses religieuses, car vous me les faites détester.

« Vous vous souvenez de moi, M. Young Jackson ? D'une autre voix venue d'un autre côté.

« Avec beaucoup de gratitude, monsieur. Vous étiez la lueur d'espoir et l'ambition prospère dans ma vie. Lorsque j'ai suivi vos cours, je croyais que je deviendrais un grand guérisseur et je me sentais presque heureux, même si j'étais toujours le seul pensionnaire de la maison avec cet horrible masque, et que je mangeais et buvais en silence et dans la contrainte avec le masque devant moi, tous les jours. Comme je l'avais fait chaque jour, tout au long de mes études et depuis mes premiers souvenirs.

« Comment suis-je, M. Young Jackson ? »

« Tu es comme un Être supérieur pour moi. Vous êtes comme la nature qui commence à se révéler à moi. Je vous entends à nouveau, comme l'un de la foule silencieuse de jeunes hommes qui s'enflamment sous le pouvoir de votre présence et de votre connaissance, et vous faites venir dans mes yeux les seules larmes d'exultation qui aient jamais coulé en eux.

« Vous vous souvenez de moi, M. Young Jackson ? D'une voix grinçante venue d'un tout autre côté.

"Trop bien. Un jour, vous avez fait votre apparition fantomatique dans ma vie et vous avez annoncé que son cours allait être soudainement et complètement changé. Vous m'avez montré quel était mon siège ennuyeux dans la cuisine des frères Barbox . (Quand *ils* l'étaient, s'ils l'ont jamais été, cela m'est inconnu ; il n'y avait rien d'eux sauf le nom lorsque je me suis penché sur la rame.) Vous m'avez dit ce que je devais faire et combien je devrais être payé ; vous m'avez dit ensuite, à intervalles d'années, quand je devais signer pour le Cabinet, quand je devenais associé, quand je devenais le Cabinet. Je n'en sais plus ni moi-même.

"Comment suis-je, M. Young Jackson?"

« Tu es comme mon père, je pense parfois. Vous êtes assez dur et assez froid pour avoir élevé un fils méconnu. Je vois ta silhouette maigre, ton costume marron serré et ta perruque brune serrée ; mais vous aussi, portez un masque de cire jusqu'à votre mort. Vous ne l'enlevez jamais par hasard, il ne tombe jamais par hasard, et je ne vous connais plus.

Tout au long de ce dialogue, le voyageur se parlait le matin à sa fenêtre, comme il s'était parlé la nuit au carrefour. Et comme il avait alors regardé dans l'obscurité, un homme qui était devenu gris trop tôt, comme un feu négligé : ainsi il regardait maintenant dans la lumière du soleil, d'un gris plus cendré, comme un feu que l'éclat du soleil éteignait.

Le cabinet Barbox Brothers était une émanation ou une branche irrégulière du notaire public et de l'arbre du courtage de factures. Il s'était acquis une réputation atroce avant l'époque de Young Jackson, et cette réputation lui était restée fidèle à lui et à lui. De même qu'il était entré insensiblement en possession de l'antre sombre situé au coin d'une cour de la rue Lombard, sur les fenêtres crasseuses de laquelle l'inscription Barbox Brothers s'était interposée quotidiennement pendant de longues années entre lui et le ciel, de même il avait insensiblement trouvé lui-même un personnage tenu dans une méfiance chronique, qu'il était essentiel de serrer fermement dans chaque transaction dans laquelle il s'engageait, dont la parole ne devait jamais être prise sans son cautionnement attesté, contre lequel tous les marchands avaient ouvertement mis en place des gardes et des protections. Ce personnage lui était apparu sans qu'il y ait un acte de sa part. C'était comme si le Barbox original s'était étendu sur le sol du bureau et y avait fait transporter le jeune Jackson dans son sommeil, et y avait effectué une métempsycose et un échange de personnes avec lui. La découverte – aidée à son tour par la tromperie de la seule femme qu'il ait jamais aimée et par la tromperie du seul ami qu'il ait jamais fait : qui s'est enfui de lui pour se marier ensemble – la découverte, ainsi suivie, a complété ce que son les premiers élevages avaient commencé. Il se rétrécit, confus, sous la forme de Barbox , et ne releva plus la tête ni le cœur.

Mais il obtint enfin une grande libération de son état. Il brisa la rame qu'il avait manœuvrée si longtemps, et il fit couler et couler la galère. Il a empêché le retrait progressif d'une vieille entreprise conventionnelle, en prenant l'initiative et en s'en retirant. Avec de quoi vivre (mais après tout pas trop), il effaça la société Barbox Brothers des pages du Post-office Directory et de la surface de la terre, ne laissant rien d'autre que son nom sur deux valises.

« Car il faut avoir un nom pour circuler, pour que les gens le saisissent », expliqua-t-il à Mugby High-street, à travers la fenêtre de l'auberge, « et ce nom au moins était réel une fois. Attendu que, Jeune Jackson !… Sans compter que c'est un terme tristement satirique pour Old Jackson.

Il prit son chapeau et sortit, juste à temps pour apercevoir, passant de l'autre côté du chemin, un homme de velours, portant son dîner du jour dans un petit paquet qui aurait pu être plus gros sans soupçon de gourmandise, et jetant vers le carrefour à grande allure.

"Il y a des lampes!" dit frère Barbox . « Et à propos… »

Ridicule, sûrement, qu'un homme si sérieux, si autonome, et à peine émancipé depuis trois jours d'une routine de corvée, puisse se frotter le menton dans la rue, dans une étude brune sur les chansons comiques.

"Chevet?" dit Barbox Brothers avec humeur. « On les chante au chevet ? Pourquoi au chevet, à moins qu'il ne se couche ivre ? Oui, je ne devrais pas me le demander. Mais ça ne me regarde pas. Laissez-moi voir. Jonction Mugby , Jonction Mugby . Où dois-je aller ensuite ? Comme je l'ai pensé hier soir, lorsque je me suis réveillé d'un sommeil difficile dans la voiture et que je me suis retrouvé ici, je peux aller n'importe où à partir d'ici. Où dois-je aller ? Je vais aller voir le Junction à la lumière du jour. Rien ne presse, et je préférerai peut-être le look d'une ligne à celui d'une autre.

Mais il y avait tellement de lignes. En les regardant depuis un pont au carrefour, c'était comme si les sociétés en concentration formaient une grande exposition industrielle des œuvres d'extraordinaires araignées terrestres qui filaient le fer. Et puis, tant de lignes suivirent des chemins si merveilleux, se croisant et se courbant si bien les unes les autres, que l'œil les perdit. Et puis certains d'entre eux semblaient partir avec l'intention ferme de parcourir cinq cents milles, et tout d'un coup y renoncèrent devant une barrière insignifiante, ou se dirigèrent vers un atelier. Et puis d'autres, comme des hommes ivres, allèrent un peu tout droit, et étonnamment firent le tour et revinrent. Et puis d'autres étaient tellement remplis de camions de charbon, d'autres étaient tellement encombrés de camions de tonneaux, d'autres étaient tellement gorgés de camions de lest, d'autres étaient tellement réservés aux objets roulants comme d'immenses bobines de coton en fer : tandis que d'autres étaient tellement clairs et clairs, et d'autres étaient tellement livrés à la rouille, aux cendres et aux brouettes inutilisées, sans travail, les jambes en l'air (ressemblant beaucoup à leurs maîtres en grève), qu'il n'y avait ni début, ni milieu, ni fin à l'œuvre. perplexité.

Barbox Brothers se tenait perplexe sur le pont, passant sa main droite sur les rides de son front, qui se multipliaient tandis qu'il baissait les yeux, comme si les lignes ferroviaires se faisaient photographier sur cette plaque sensible. Puis, on entendit au loin un tintement de cloches et des coups de sifflet. Ensuite, des têtes d'hommes ressemblant à des marionnettes sont sorties des boîtes en perspective et sont réapparues. Puis, de prodigieux rasoirs en bois dressés sur le bout, commencèrent à raser l'atmosphère. Ensuite, plusieurs locomotives dans plusieurs directions ont commencé à crier et à s'agiter. Puis, le long d'une avenue, un train est arrivé. Puis, le long d'une autre, sont apparus deux trains qui n'entraient pas, mais s'arrêtaient dehors. Ensuite, des morceaux de trains se sont détachés. Puis, un cheval en difficulté s'est impliqué avec eux. Ensuite, les locomotives se partagèrent les morceaux des trains, et s'enfuirent avec le tout.

«Je n'ai pas rendu mon prochain mouvement beaucoup plus clair par cela. Pas d'urgence. Pas besoin de me décider aujourd'hui, ni demain, ni après-demain. Je vais faire une promenade.

Il apparut d'une manière ou d'une autre (peut-être voulait-il dire que c'était le cas) que l'allée menait à la plate-forme sur laquelle il était descendu et à la chambre de Lamps . Mais Lamps n'était pas dans sa chambre. Une paire d'épaules de velours s'adaptaient à l'une des impressions sur le mur près de la cheminée de Lamps , mais autrement, la pièce était vide. En revenant pour sortir de la gare, il apprit la cause de cette vacance, en apercevant des lampes sur la voie ferrée opposée, sautant sur le toit d'un train, de wagon en wagon, et attrapant des homonymes allumés vomis. à lui par un coadjuteur.

"Il est occupé. Il n'a pas beaucoup de temps pour composer ou chanter des chansons comiques ce matin, je suppose.

La direction qu'il poursuivait maintenant était vers la campagne, se tenant très près du bord d'une grande ligne de chemin de fer et à la vue des autres. « J'ai à moitié envie, » dit-il en regardant autour de lui, « de régler la question à partir de ce point, en disant : 'Je vais prendre tel ensemble de rails, ou celui-là, ou tel autre , et m'y tenir.' Ils se séparent de la confusion, ici-bas, et poursuivent leur chemin.

En gravissant une douce colline d'une certaine étendue, il arriva devant quelques chaumières. Là, regardant autour de lui comme le ferait un homme très réservé qui n'avait jamais regardé autour de lui de sa vie auparavant, il vit six ou huit jeunes enfants venir joyeusement en troupe et en criant d'une des chaumières et se disperser. Mais pas avant qu'ils ne se soient tous tournés vers la petite porte du jardin et n'aient baisé leurs mains sur un visage à la fenêtre supérieure : une fenêtre assez basse, quoique la plus haute, car la chaumière n'avait qu'un étage d'une pièce au-dessus du sol.

Or, que les enfants fassent cela, ce n'était rien ; mais qu'ils fassent cela à un visage étendu sur le rebord de la fenêtre ouverte, tourné vers eux en position horizontale, et apparemment seulement à un visage, était quelque chose de remarquable. Il leva de nouveau les yeux vers la fenêtre. Je ne voyais qu'un visage très fragile mais très brillant, allongé sur une joue sur le rebord de la fenêtre. Le visage souriant et délicat d'une fille ou d'une femme. Encadré de longs cheveux châtain clair, autour desquels était noué une bande ou un filet bleu clair, passant sous le menton.

Il continua son chemin, se retourna, repassa devant la fenêtre, leva timidement les yeux. Pas de changement. Il s'éloigna par un embranchement sinueux au sommet de la colline, qu'il aurait dû descendre autrement, garda les maisons en vue, contourna à distance pour déboucher de nouveau sur la route principale et être obligé de le faire. passer à nouveau les chalets. Le visage était toujours posé sur le rebord de la fenêtre, mais il n'était pas tellement incliné vers lui. Et maintenant, il y avait aussi une paire de mains délicates. Ils avaient l'action de jouer sur un instrument de musique, et pourtant cela ne produisait aucun son qui parvenait à ses oreilles.

« Mugby Junction doit être l'endroit le plus fou d'Angleterre », a déclaré Barbox Brothers en poursuivant son chemin vers le bas de la colline. « La première chose que je trouve ici, c'est un porteur de chemin de fer qui compose des chansons comiques pour les chanter à son chevet. La deuxième chose que je trouve ici, c'est un visage et une paire de mains jouant d'un instrument de musique qui ne joue pas ! »

La journée était belle et lumineuse au début du mois de novembre, l'air était clair et inspirant et le paysage était riche de belles couleurs . Les couleurs dominantes dans la cour de Lombard-street, à Londres, étaient rares et sombres . Parfois, lorsque le temps était effectivement très clair ailleurs, les habitants de ces tentes profitaient d'un jour ou deux de couleur poivre et sel , mais l'usure habituelle de leur atmosphère était la couleur ardoise ou tabac à priser .

Il savoura si bien sa promenade qu'il la refit le lendemain. Il était un peu plus tôt à la maison que la veille et il entendait les enfants à l'étage chanter sur une mesure régulière et battre l'heure avec leurs mains.

« Pourtant, aucun instrument de musique ne sonne », dit-il en écoutant dans le coin, « et pourtant j'ai revu les mains qui jouaient en passant. Que chantent les enfants ? Eh bien, mon Dieu, ils ne pourront jamais chanter la table de multiplication !

Ils l'étaient pourtant, et avec un plaisir infini. Le visage mystérieux était accompagné d'une voix qui, de temps en temps, guidait ou redressait les enfants. Sa gaieté musicale était délicieuse. La mesure s'arrêta enfin, et fut suivie par un murmure de voix jeunes, puis par une courte chanson qu'il composa comme étant sur le mois en cours de l'année et sur le travail qu'il rapportait aux ouvriers des champs et de la ferme. -yards. Puis, il y eut un mouvement de petits pas, et les enfants arrivèrent en trombe et en criant, comme la veille. Et encore une fois, comme la veille, ils se tournèrent tous vers la porte du jardin et se baisèrent les mains – évidemment jusqu'au visage sur le rebord de la fenêtre, bien que Barbox Brothers, de son poste retiré au coin, ne pouvait pas le voir.

Mais alors que les enfants se dispersaient, il coupa un petit retardataire – un garçon au visage brun et aux cheveux blonds – et lui dit :

« Viens ici, mon petit. Dis-moi à qui est cette maison ?

L'enfant, un bràs basané levé devant les yeux, à moitié timide et à moitié prêt à se défendre , dit derrière l'intérieur de son coude :

« Chez Phœbé . »

"Et qui," dit Barbox Brothers, tout aussi gêné par son rôle dans le dialogue que l'enfant pouvait l'être par le sien, "est Phœbé ?"

Ce à quoi l'enfant répondit : "Eh bien, Phœbé , bien sûr."

Le petit mais perspicace observateur avait observé attentivement son interlocuteur et avait pris sa mesure morale. Il baissa sa garde et prit plutôt un ton avec lui : comme s'il avait découvert en lui une personne peu habituée à l'art de la conversation polie.

« Phœbé , dit l'enfant, ne peut être personne d'autre que Phœbé . Peut-elle?"

"Non, je suppose que non."

"Eh bien," répondit l'enfant, "alors pourquoi me l'as-tu demandé ?"

Jugeant prudent de changer de position, Barbox Brothers a pris une nouvelle position.

"Qu'est-ce que tu fais là? Là-haut, dans cette pièce où se trouve la fenêtre ouverte. Qu'est-ce que tu fais là?"

"Cool", dit l'enfant.

"Hein?"

« Cool-o- ol », répéta l'enfant d'une voix plus forte, allongeant le mot avec un regard fixe et avec beaucoup d'emphase, comme pour dire : « À quoi ça sert d'avoir grandi, si tu es un tel âne pour ne pas me comprendre ?

« Ah ! École, école », a déclaré Barbox Brothers. "Oui oui oui. Et Phœbé t'apprend ?

L'enfant hocha la tête.

"Bon garçon."

" Écoutez -le, n'est-ce pas ? " dit l'enfant.

«Oui, je l'ai découvert. Que feriez-vous avec deux pence si je vous le donnais ?

"Attends-le."

La promptitude de cette réponse ne lui laissant aucune jambe sur laquelle s'appuyer, Barbox Brothers sortit les deux pence avec une grande boiterie et se retira dans un état d'humiliation.

Mais, voyant le visage sur le rebord de la fenêtre alors qu'il passait devant la chaumière, il reconnut sa présence par un geste qui n'était ni un signe de tête, ni un salut, ni un retrait de son chapeau de sa tête, mais un compromis timide. entre ou lutter avec les trois. Les yeux du visage semblaient amusés, ou applaudis, ou les deux, et les lèvres disaient modestement : « Bonjour, monsieur.

« Je trouve que je dois m'en tenir pendant un certain temps à Mugby Junction », dit Barbox Brothers avec beaucoup de gravité, après s'être une fois de plus arrêté sur son chemin de retour pour regarder les lignes où ils ont parcouru leurs différents chemins si tranquillement. «Je n'arrive pas encore à décider quelle route de fer je vais emprunter. En fait, je dois m'habituer un peu au Junction avant de pouvoir me décider.

Ainsi, il annonça à l'auberge qu'il « allait rester là, pour le moment », et fit davantage connaissance avec le carrefour cette nuit-là, puis de nouveau le lendemain matin, et de nouveau la nuit et le matin suivants : il descendit à la gare, se mêla avec les gens là-bas, regardant autour de lui toutes les avenues de chemin de fer et commençant à s'intéresser aux arrivées et aux départs des trains. Au début, il passait souvent la tête dans la petite chambre de Lamps , mais il n'y trouva jamais Lamps. Il y trouvait habituellement une ou deux paires d'épaules de velours, penchées sur le feu, parfois en relation avec un couteau serré et un morceau de pain et de viande ; mais la réponse à sa question : « Où sont les lampes ? C'était soit qu'il était « de l'autre côté de la ligne », soit que c'était son temps libre, ou (dans ce dernier cas), sa propre introduction personnelle à un autre Lamps qui n'était pas son Lamps. Cependant, il n'était pas si désespérément déterminé à voir Lamps maintenant, mais il en supportait la déception. Il ne se consacra pas non plus entièrement à son application sévère à l'étude de Mugby Junction, au point de négliger l'exercice. Au contraire, il faisait une promenade tous les jours, et toujours la même promenade. Mais le temps est redevenu froid et humide et la fenêtre n'a jamais été ouverte.

III

Enfin, après quelques jours, vint une autre séquence de beau temps d'automne, brillant et rustique. C'était un samedi. La fenêtre était ouverte et les enfants étaient partis. Cela n'était pas surprenant, car il avait patiemment observé et attendu au coin jusqu'à ce qu'ils *soient* partis.

«Bonjour», dit-il au visage; enlevant absolument son chapeau de sa tête cette fois.

"Bonne journee a vous Monsieur."

"Je suis heureux que vous ayez à nouveau un beau ciel à regarder."

"Merci Monsieur. C'est gentil de votre part."

« Vous êtes invalide, j'en ai peur ?

"Non monsieur. J'ai une très bonne santé.

"Mais tu n'es pas toujours allongé ?"

« Oh oui, je suis toujours allongé, parce que je ne peux pas m'asseoir. Mais je ne suis pas invalide.

Les yeux rieurs semblaient grandement apprécier sa grande erreur.

« Pourriez-vous prendre la peine d'entrer, monsieur ? Il y a une belle vue depuis cette fenêtre. Et vous verriez que je ne suis pas du tout malade, si j'ai la bonté de m'en soucier.

On disait que c'était pour l'aider, car il restait indécis, mais visiblement désireux d'entrer, avec sa main timide sur le loquet de la porte du jardin. Cela l'a aidé et il est entré.

La pièce à l'étage était une pièce blanche très propre avec un toit bas. Sa seule détenue était allongée sur un canapé qui plaçait son visage au niveau de la fenêtre. Le canapé était blanc aussi ; et sa simple robe ou cape étant bleu clair, comme le bandeau autour de ses cheveux, elle avait un aspect éthéré et une apparence fantaisiste de couchée parmi les nuages. Il sentit qu'elle le percevait instinctivement comme un homme abattu et taciturne ; c'était une autre aide pour lui d'avoir établi cette compréhension si facilement et de l'avoir surmontée.

Il ressentit néanmoins une contrainte embarrassante lorsqu'il lui toucha la main et prit une chaise à côté de son canapé.

« Je vois maintenant, » commença-t-il, pas du tout couramment, « comment vous occupez vos mains. En te voyant seulement depuis le chemin extérieur, j'ai pensé que tu jouais sur quelque chose.

Elle s'occupait de faire de la dentelle avec beaucoup d'agilité et d'adresse. Un oreiller en dentelle était posé sur sa poitrine ; et les mouvements rapides et les changements de ses mains pendant qu'elle travaillait, leur avaient donné l'action qu'il avait mal interprétée.

"C'est curieux", répondit-elle avec un sourire éclatant. "Car j'ai souvent l'impression, moi-même, de jouer de la musique pendant que je suis au travail."

"Avez-vous des connaissances musicales?"

Elle secoua la tête.

«Je pense que je pourrais choisir des airs, si j'avais un instrument qui pourrait m'être aussi pratique que mon oreiller en dentelle. Mais j'ose dire que je me trompe. En tout cas, je ne le saurai jamais.

« Vous avez une voix musicale. Excusez-moi; Je t'ai entendu chanter.

"Avec les enfants?" répondit-elle en rougissant légèrement . "O Oui. Je chante avec les chers enfants, si cela peut s'appeler chanter.

Barbox jetèrent un coup d'œil aux deux petites formes présentes dans la pièce et hasardèrent l'hypothèse qu'elle aimait les enfants et qu'elle connaissait les nouveaux systèmes d'enseignement ? « Je les aime beaucoup », dit-elle en secouant de nouveau la tête ; « mais je ne connais rien à l'enseignement, sinon l'intérêt que j'y porte et le plaisir que cela me procure lorsqu'ils apprennent. Peut-être que le fait d'avoir entendu mes petits écoliers chanter certaines de leurs leçons vous a incité jusqu'à me considérer comme un grand professeur ? Ah ! Je le pensais! Non, j'ai seulement lu et entendu parler de ce système. Cela me paraissait si joli et si agréable, et de les traiter comme les joyeux rouges-gorges qu'ils sont, que je m'y suis mis à ma petite manière. Vous n'avez pas besoin qu'on vous dise à quel point le mien est petit, monsieur, ajouta-t-elle en jetant un coup d'œil aux petites formes et à la pièce.

Pendant tout ce temps, ses mains étaient occupées à son oreiller en dentelle. Comme ils continuaient ainsi, et comme il y avait une sorte de substitut à la conversation dans le clic et le jeu de ses piquets, les frères Barbox en profitèrent pour l'observer. Il lui a deviné qu'elle avait trente ans. Le charme de son visage transparent et de ses grands yeux bruns brillants n'était pas qu'ils étaient passivement résignés, mais qu'ils étaient activement et profondément joyeux. Même ses mains occupées, qui, de par leur seule maigreur, auraient pu implorer la compassion, accomplissaient leur tâche avec un courage gai qui faisait de la simple compassion une supposition injustifiable de supériorité et une impertinence.

Il vit ses yeux en train de se lever vers les siens, et il dirigea les siens vers cette perspective en disant : « Vraiment magnifique !

« Très beau, monsieur. J'ai parfois eu envie de m'asseoir, pour une fois, seulement pour essayer à quoi cela ressemble avec une tête dressée. Mais quelle fantaisie insensée ce serait d'encourager ! Cela ne peut paraître plus beau à personne qu'à moi.

Ses yeux étaient tournés vers lui pendant qu'elle parlait, avec une admiration et une joie des plus ravies. Il n'y avait aucune trace d'un quelconque sentiment de privation.

« Et ces lignes de chemin de fer, avec leurs bouffées de fumée et de vapeur qui changent de place si rapidement, me rendent la chose si vivante », a-t-elle poursuivi. « Je pense au nombre de personnes qui *peuvent* aller où elles veulent, pour leurs affaires ou pour leur plaisir ; Je me souviens que les bouffées me font signe qu'elles s'en vont réellement pendant que je regarde ; et cela anime la perspective avec une abondance de compagnie, si je veux de la compagnie. Il y a aussi le grand carrefour. Je ne le vois pas sous le pied de la colline, mais je l'entends très souvent et je sais toujours qu'il est là. Il semble me rejoindre, d'une certaine manière, dans je ne sais combien d'endroits et de choses que *je* ne verrai jamais.

Avec une sorte d'idée confuse qu'il aurait pu déjà se joindre à quelque chose qu'il n'avait jamais vu, il dit d'un ton contraint : « Juste comme ça. »

« Ainsi , vous voyez, monsieur, poursuivit Phœbé , je ne suis pas l'infirme que vous me croyiez, et je suis en effet très aisée.

« Vous avez un caractère heureux », dit Barbox Brothers : peut-être avec une légère touche d'excuse pour son propre caractère.

« Ah ! Mais tu devrais connaître mon père », répondit-elle. « C'est un caractère heureux !… Ne vous inquiétez pas, monsieur ! Car sa réserve prenait l'alarme à un pas de l'escalier, et il se méfiait d'être accusé d'un intrus gênant. "C'est mon père qui vient."

La porte s'ouvrit et le père s'arrêta là.

« Eh bien, des lampes ! » s'exclama Barbox Brothers en se levant de sa chaise. « Comment vas-tu, Lampes ? »

Ce à quoi Lamps a répondu : « Le gentleman de nulle part ! Comment allez-vous , monsieur ?

Et ils se serrèrent la main, à la plus grande admiration et surprise de la fille de Lamps .

"Je vous ai cherché une demi-douzaine de fois depuis cette nuit", a déclaré Barbox Brothers, "mais je ne vous ai jamais trouvé."

— J'ai donc écouté , monsieur, j'ai donc écouté , répondit Lamps. « C'est parce que vous êtes remarqué si souvent au carrefour, sans prendre aucun train, que cela a commencé à vous faire appeler parmi nous le gentleman de nulle part. Ce n'est pas pour rien que je vous ai appelé par surprise, j'espère, monsieur ?

"Pas du tout. C'est pour moi un nom aussi bon que n'importe quel autre nom par lequel vous pourriez m'appeler. Mais puis-je vous poser une question dans le coin ici ?

Lamps se laissa éloigner du canapé de sa fille par un des boutons de sa veste de velours.

"Est-ce le chevet où tu chantes tes chansons ?"

Les lampes acquiescèrent.

Le monsieur de Nowhere lui a tapé sur l'épaule ; et ils se firent à nouveau face.

« Sur ma parole, ma chère, » dit alors Lamps à sa fille, en regardant tour à tour elle et son visiteur, « je suis tellement étonné de vous trouver mis au courant de ce gentleman, que je dois (si ce gentleman veut bien excuser) moi) prends un plus rond.

M. Lamps a démontré en action ce que cela signifiait, en sortant son mouchoir huileux enroulé en forme de boule et en se faisant un frottis élaboré, derrière l'oreille droite, sur la joue, sur le front et le long de l'autre. joue derrière son oreille gauche. Après cette opération, il brillait extrêmement.

"C'est selon mon habitude lorsque je suis particulièrement échauffé par une quelconque agitation, monsieur", offrit-il en guise d'excuses. "Et vraiment, je suis plongé dans cet état d'étonnement en vous voyant faire la connaissance de Phœbe , que je... que je pense que je vais, si vous voulez bien m'excuser, prendre un autre tour." Ce qu'il fit, semblant en être grandement restauré.

Ils étaient maintenant tous deux debout à côté de son canapé et elle travaillait à son oreiller en dentelle. «Votre fille me le dit », dit Barbox Brothers, toujours à moitié réticent et honteux, "qu'elle ne s'assoit jamais".

« Non, monsieur, et je ne l'ai jamais fait non plus. Voyez-vous, sa mère (décédée quand elle avait un an et deux mois) était sujette à de très mauvaises crises, et comme elle ne m'avait jamais dit qu'elle *était* sujette à des crises, on ne pouvait pas s'en prémunir. Par conséquent, elle a laissé tomber le bébé lorsqu'elle l'a pris, et c'est ce qui s'est produit.

"C'était très mal de sa part", dit Barbox Brothers, avec un sourcil froncé, "de vous épouser, en cachant son infirmité."

"Eh bien, monsieur", a plaidé Lamps, au nom du défunt depuis longtemps. « Tu vois, Phœbé et moi, nous en avons parlé aussi. Et Seigneur, bénis -nous ! Un tel nombre sur nous porte nos infirmités, avec des crises et des inadaptés, de toutes sortes, que si nous leur avouions toutes avant de nous marier, la plupart d'entre nous ne se marieraient peut-être jamais.

« Est-ce que cela ne serait peut-être pas pour le mieux ? »

"Pas dans ce cas, monsieur", dit Phœbé en tendant la main à son père.

"Non, pas dans ce cas, monsieur", dit son père en le tapotant entre les siens.

« Vous me corrigez, » répondit Barbox Brothers en rougissant ; « et je dois tellement ressembler à une brute, qu'en tout cas il serait superflu de ma part d'avouer *cette* infirmité. J'aimerais que vous m'en disiez un peu plus sur vous. Je sais à peine comment vous le demander, car je suis conscient que j'ai un comportement mauvais et décourageant avec moi, mais j'aimerais que vous le fassiez.

« De tout notre cœur, monsieur », répondit gaiement Lamps pour tous deux. « Et avant tout, afin que vous connaissiez mon nom... »

"Rester !" interrompit le visiteur avec une légère rougeur. « Que signifie votre nom ! Lampes est un nom suffisant pour moi. J'aime ça. C'est lumineux et expressif. Qu'est-ce que je veux de plus ! »

"Pourquoi en être sûr, monsieur", répondit Lamps. « Je n'ai en général aucun autre nom à la Jonction ; mais j'ai pensé, étant donné que vous êtes ici en célibataire de première classe, à titre privé, que vous pourriez…

Le visiteur écarta cette pensée de la main et Lamps reconnut la marque de confiance en prenant un autre tour.

« Vous travaillez dur, je prends pour acquis ? » » a déclaré Barbox Brothers, lorsque le sujet du plus rond en est ressorti beaucoup plus sale qu'il n'y était entré.

Lamps commençait par « Pas particulièrement » lorsque sa fille l'a pris en charge.

« Oh oui, monsieur, il travaille très dur. Quatorze, quinze, dix-huit heures par jour. Parfois vingt-quatre heures à la fois.

« Et vous, dit les frères Barbox , qu'en est-il de votre école, Phœbe , et qu'en est-il de votre dentellerie... »

"Mais mon école me fait plaisir", l'interrompit-elle en ouvrant plus grand ses yeux marron, comme surprise de le trouver si obtus. « J'ai commencé quand j'étais enfant, parce que cela nous mettait en compagnie, moi et d'autres enfants, ne voyez-vous pas ? *Ce* n'était pas du travail. Je le porte encore, car il garde les enfants autour de moi. *Ce* n'est pas du travail. Je le fais par amour, pas par travail. Puis mon oreiller en dentelle ; » ses mains occupées s'étaient arrêtées, comme si son argument exigeait toute sa joyeuse sincérité, mais elles reprenaient maintenant au nom ; « Cela va avec mes pensées quand je pense, et cela va avec mes chansons quand j'en fredonne, et *ce n'est* pas du travail. Eh bien, vous pensiez vous-même que c'était de la musique, vous savez, monsieur. Et c'est ainsi pour moi.

"Tout est !" s'écria Lamps radieux. "Tout est musique pour elle, monsieur."

"Mon père l'est, en tout cas", dit Phœbé en pointant vers lui avec jubilation son index fin. « Il y a plus de musique chez mon père que dans une fanfare. »

"Je dis! Mon cher! C'est fait de manière très filiale , vous savez ; mais tu flattes ton père, protesta-t-il pétillant.

« Non , je ne le suis pas, monsieur, je vous l'assure. Non, je ne suis pas. Si vous pouviez entendre mon père chanter, vous sauriez que ce n'est pas mon cas. Mais vous ne l'entendrez jamais chanter, car il ne chante jamais pour personne d'autre que moi. Même s'il est fatigué, il me chante toujours une chanson quand il rentre à la maison. Il y a longtemps, quand j'étais là, une pauvre petite poupée brisée, il me chantait des chansons. De plus, il faisait des chansons, introduisant toutes les petites blagues que nous avions entre nous. Qui plus est, il le fait encore souvent aujourd'hui. Ô ! Je parlerai de vous, mon père, comme monsieur l'a demandé à votre sujet. C'est un poète, monsieur.

« Je ne voudrais pas que monsieur, ma chère, » observa Lamps, devenant pour le moment grave, « qu'il emporte cette opinion sur votre père, car il pourrait sembler que j'étais enclin à demander aux étoiles d'une manière molloncollly ce que je pensais. ils étaient en train de le faire. Je ne voudrais pas perdre de temps tout de suite et prendre la liberté, ma chère.

« Mon père, reprit Phœbé en modifiant son texte, est toujours du bon côté et du bon côté. Tu me l'as dit tout à l'heure, j'avais un caractère heureux. Comment puis-je l'aider ?

"Bien! mais ma chère, répondit Lamps d'un ton argumentatif, comment puis-*je* l'aider ? Dites-le vous-même, monsieur. Regarde la. Toujours telle que tu la vois maintenant. Toujours travaillant — et après tout, monsieur, pour seulement quelques shillings par semaine — toujours content, toujours vivant, toujours intéressé par les autres, de toutes sortes. J'ai dit, à ce moment-là, elle était toujours telle que vous la voyez maintenant. Elle l'est donc, avec une différence qui revient à peu près la même. Car, quand c'est mon dimanche de congé et que les cloches du matin ont fini de sonner, j'entends les prières et les remerciements lus de la manière la plus touchante , et je me fais chanter les hymnes - si doux, monsieur, qu'on ne pouvait pas les entendre . de cette chambre, dans des notes qui me semblent, j'en suis sûr, venir du Ciel et y retourner.

Cela aurait pu être simplement dû à l'association de ces mots avec leur moment de calme sacré, ou cela aurait pu être dû à une association plus large de ces mots avec la présence du Rédempteur aux côtés des personnes alitées ; mais ici ses doigts adroits s'arrêtèrent sur l'oreiller de dentelle et s'agrippèrent à son cou tandis qu'il se penchait. Il y avait une grande sensibilité naturelle chez le père et la fille, le visiteur pouvait facilement le voir ; mais chacun le faisait, pour le bien de l'autre, en retrait et non démonstratif ; et la gaieté parfaite, intuitive ou acquise, était soit la première, soit la seconde nature des deux. En quelques instants, Lamps recommençait avec ses traits comiques rayonnants, tandis que les yeux rieurs de Phœbe (juste une tache brillante sur leurs cils) étaient à nouveau dirigés tour à tour vers lui, et vers son travail, et vers Barbox Brothers.

« Quand mon père, monsieur, » dit-elle gaiement, « vous raconte que je m'intéresse aux autres, même s'ils ne savent rien de moi — ce que d'ailleurs je vous ai dit moi-même – vous devriez savoir comment cela vient. à propos de. C'est ce que fait mon père.

"Non, ce n'est pas le cas !" il a protesté.

« Ne le croyez pas, monsieur ; oui c'est le cas. Il me raconte tout ce qu'il voit dans son travail. Vous seriez surpris de la quantité qu'il rassemble pour moi chaque jour. Il regarde dans les voitures et me dit comment sont habillées les dames , pour que je connaisse toutes les modes ! Il regarde dans les voitures et me raconte quels couples d'amants il voit et quels nouveaux mariés en voyage de noces, pour que je sache tout cela ! Il collectionne les journaux et les livres de hasard, pour que j'aie beaucoup à lire ! Il me parle des malades qui voyagent pour essayer de guérir, pour que je sache tout sur eux ! Bref, comme j'ai commencé par le dire, il me raconte tout ce qu'il voit et tout ce qu'il voit, dans son travail, et vous ne pouvez pas imaginer quelle quantité il voit et ce qu'il voit.

« Quant à collectionner des journaux et des livres, ma chère, » dit Lamps, « il est clair que je n'ai aucun mérite en cela, car ce ne sont pas mes avantages. Vous voyez, monsieur, c'est par là : Un Garde, il me dira : 'Bonjour, vous voilà, Lamps.' J'ai gardé ce papier pour votre fille. Comment va-t- elle ? Un chef-portier me dira : « Tiens ! Attrapez les lampes. Voici quelques wollumes pour votre fille. Est-elle à peu près là où elle était ?' Et c'est ce qui le rend doublement bienvenu, voyez-vous. Si elle avait mille livres dans une boîte, ils ne s'inquiéteraient pas d'elle ; mais étant ce qu'elle est, c'est-à-dire, vous comprenez, ajouta Lamps un peu précipitamment, n'ayant pas mille livres dans une boîte, ils pensent à elle. Et quant aux jeunes couples, mariés et célibataires, il est naturel que je ramène à la maison le peu que je peux d' *eux* , vu qu'il n'y a pas un couple d'aucune sorte dans le quartier qui ne vienne d'eux-mêmes se confier à Phœbé. .»

Elle leva triomphalement les yeux vers Barbox Brothers et dit :

« En effet, monsieur, c'est vrai. Si j'avais pu me lever et aller à l'église, je ne sais pas combien de fois j'aurais dû être demoiselle d'honneur. Mais si j'avais pu faire ça, certaines filles amoureuses auraient pu être jalouses de moi, et comme c'est le cas, aucune fille n'est jalouse de moi. Et mon oreiller n'aurait pas été aussi prêt à y mettre le morceau de gâteau, comme je le trouve toujours, ajouta-t-elle en tournant son visage vers lui avec un léger soupir et un sourire à son père.

L'arrivée d'une petite fille, la plus grande des savants, fit alors comprendre aux frères Barbox qu'elle était la domestique de la chaumière et qu'elle était venue pour y prendre des mesures actives, accompagnée d'un seau qui pourrait je l'ai éteinte, et un balai trois fois plus haut. Il se leva donc pour prendre congé et le prit ; disant que si Phœbé n'avait pas d'objection, il reviendrait.

Il avait murmuré qu'il viendrait « au cours de ses promenades ». Le déroulement de ses promenades devait être très favorable à son retour, car il revint après un intervalle d'un seul jour.

"Tu pensais que tu ne me reverrais plus , je suppose?" dit-il à Phœbé en lui touchant la main et en s'asseyant près de son lit.

"Pourquoi devrais-je le penser!" fut sa réplique surprise.

"Je prenais pour acquis que tu te méfierais de moi."

« C'est acquis, monsieur ? Est-ce qu'on s'est tellement méfié de vous ?

«Je pense que j'ai raison de répondre oui. Mais je me suis peut-être méfié aussi, de ma part. Peu importe pour le moment. Nous parlions de la Jonction la dernière fois. J'y ai passé des heures depuis avant-hier.

« Êtes-vous maintenant le gentleman de Somewhere ? elle a demandé avec un sourire.

« Certainement pour quelque part ; mais je ne sais pas encore où. Vous ne devinerez jamais d'où je viens. Dois-je te dire? Je voyage depuis mon anniversaire.

Ses mains s'arrêtèrent dans son travail et elle le regarda avec un étonnement incrédule.

"Oui", a déclaré Barbox Brothers, pas tout à fait à l'aise dans son fauteuil, "depuis mon anniversaire. Je suis, pour moi, un livre inintelligible dont les chapitres précédents ont été arrachés et jetés. Mon enfance n'avait pas la grâce de l'enfance, ma jeunesse n'avait pas le charme de la jeunesse, et que peut-on attendre d'un début aussi perdu ? Ses yeux rencontrant les siens alors qu'ils s'adressaient intensément à lui, quelque chose semblait remuer dans sa poitrine, murmurant : « Ce lit était-il un endroit où les grâces de l'enfance et les charmes de la jeunesse pouvaient s'installer, gentiment ? Ô honte, honte !

« C'est une maladie chez moi, » dit Barbox Brothers, se reprenant et faisant comme s'il avait du mal à avaler quelque chose, « de me tromper à ce sujet. Je ne sais pas comment j'en suis arrivé à parler de cela. J'espère que c'est à cause d'une vieille confiance déplacée envers l'un de vos sexes impliquant une vieille trahison amère. Je ne sais pas. J'ai tous tort ensemble.

Ses mains reprirent doucement et lentement leur travail. En la regardant, il vit que ses yeux les suivaient pensivement.

« Je pars pour mon anniversaire, reprit-il, parce que cela a toujours été pour moi une journée maussade. Mon premier anniversaire gratuit venant dans cinq ou six semaines, je voyage pour laisser ses prédécesseurs loin derrière moi et pour tenter d'écraser cette journée - ou, en tout cas, de la mettre hors de ma vue - en entassant de nouveaux objets sur il."

Alors qu'il s'arrêtait, elle le regarda ; mais elle se contenta de secouer la tête comme étant complètement perdue.

« Cela est inintelligible pour votre heureuse disposition », poursuivit-il, s'en tenant à sa phrase précédente comme s'il y avait là une vertu d' autodéfense persistante : « Je savais que ce serait le cas, et j'en suis heureux. Cependant, au cours de mon voyage (au cours duquel j'ai l'intention de passer le reste de mes jours, après avoir abandonné toute pensée d'une maison fixe), je me suis arrêté, comme vous l'avez entendu de votre père, au carrefour ici. L'étendue de ses ramifications m'a vraiment dérouté quant à savoir où je devais aller, *à partir d'*ici. Je ne suis pas encore installé, étant encore perplexe parmi tant de routes. Que penses-tu que je veux faire ? Combien de routes secondaires pouvez-vous voir depuis votre fenêtre ? »

Regardant dehors, pleine d'intérêt, elle répondit : « Sept ».

« Sept », dit Barbox Brothers en la regardant avec un sourire grave. "Bien! Je me propose, d'abord de réduire le nombre brut à sept, et peu à peu de le réduire à un – le plus prometteur pour moi – et de prendre celui-là.

« Mais comment saurez-vous, monsieur, laquelle est la plus prometteuse ? » demanda-t-elle, ses yeux brillants parcourant la vue.

"Ah!" » dit Barbox Brothers, avec un autre sourire grave et améliorant considérablement son aisance à parler. "Être sûr. De cette façon. Là où votre père peut en ramasser chaque jour autant pour une bonne cause, je peux encore et encore en ramasser un peu pour une cause indifférente. Le gentleman de Nowhere doit devenir encore plus connu au Junction. Il continuera à l'explorer jusqu'à ce qu'il attache quelque chose de ce qu'il a vu, entendu ou découvert, au début de chacune des sept routes, à la route elle-même. Ainsi son choix de route sera déterminé par son choix parmi ses découvertes .

Ses mains toujours occupées, elle jeta de nouveau un coup d'œil à la perspective, comme si elle comprenait quelque chose qui n'y était pas auparavant, et rit comme si cela lui procurait un nouveau plaisir.

«Mais je ne dois pas oublier», a déclaré Barbox Brothers, «(étant arrivé jusqu'ici) de demander une faveur . Je veux votre aide dans mon expédient. Je veux vous apporter ce que j'ai ramassé aux têtes des sept routes que vous regardez ici et comparer mes notes avec vous à ce sujet. Puis-je? On dit que deux têtes valent mieux qu'une. Je devrais dire moi-même que cela dépend probablement des têtes concernées. Mais je suis tout à fait sûr, bien que nous nous connaissions si récemment, que votre tête et celle de votre père ont découvert de meilleures choses, Phœbé , que la mienne n'a jamais découverte.

Elle lui tendit sa main droite compatissante, parfaitement ravie de sa proposition, et le remercia avec empressement et gratitude.

"C'est bien!" » a déclaré les frères Barbox . « Encore une fois, je ne dois pas oublier (étant arrivé jusqu'ici) de demander une faveur . Veux-tu fermer les yeux ?

Riant d'un air espiègle face à la nature étrange de la demande, elle l'a fait.

« Gardez-les fermés », dit Barbox Brothers en se dirigeant doucement vers la porte et en revenant. "Vous êtes sur votre honneur , pensez-vous, de ne pas ouvrir les yeux jusqu'à ce que je vous dise que vous pouvez le faire?"

"Oui! Sur mon honneur .

"Bien. Puis-je vous retirer votre oreiller en dentelle pendant une minute ?

Toujours en riant et en s'interrogeant, elle en retira les mains et il les mit de côté.

"Dites-moi. Avez-vous vu les bouffées de fumée et de vapeur émises hier par le train rapide du matin sur la route numéro sept à partir d'ici ?

« Derrière les ormes et la flèche ?

"C'est la route", a déclaré Barbox Brothers en dirigeant son regard vers elle.

"Oui. Je les ai vus fondre. »

"Y a-t-il quelque chose d'inhabituel dans ce qu'ils ont exprimé ?"

"Non!" répondit-elle joyeusement.

« Ce n'est pas élogieux pour moi, car j'étais dans ce train. Je suis allé, n'ouvrez pas les yeux, vous chercher ceci, dans la grande ville ingénieuse. Il n'est pas deux fois moins grand que votre oreiller en dentelle et se pose facilement et légèrement à sa place. Ces petites touches sont comme les touches d'un piano miniature et vous fournissez l'air nécessaire avec votre main gauche. Puissiez-vous en choisir une musique délicieuse, ma chère ! Pour le moment, vous pouvez ouvrir les yeux maintenant, au revoir !

De son air embarrassé, il ferma la porte sur lui-même et vit seulement qu'elle portait avec extase le présent sur son sein et le caressait. Cet aperçu réjouissait son cœur, et pourtant l'attristait ; car ainsi aurait-elle pu, si sa jeunesse s'était épanouie selon son cours naturel, prendre ce jour-là dans son sein la musique endormie de la voix de sa propre enfant.

BARBOX FRÈRES ET CO.

Avec bonne volonté et détermination, le monsieur de Nulle part commença dès le lendemain ses recherches aux têtes des sept routes. Les résultats de ses recherches, tels que lui et Phœbé les ont ensuite consignés dans un bel écrit, tiennent la place qui leur revient dans cette chronique véridique, à partir de la dix-septième page. Mais ils ont pris beaucoup plus de temps à se réunir qu'ils ne le feront jamais à lire. Et c'est probablement le cas de la plupart des lectures, sauf lorsqu'elles sont de ce type hautement bénéfique (pour la postérité) qui est « jeté en quelques instants de loisir » par les génies poétiques supérieurs qui dédaignent de se donner du mal en prose.

Mais il faut reconnaître que Barbox ne s'est pas du tout précipité. Le cœur étant dans son travail de bonté, il s'en délectait . Il y avait aussi la joie (c'était une vraie joie pour lui) de s'asseoir parfois, d'écouter Phœbé tandis qu'elle piochait de plus en plus de discours sur son instrument de musique, et que son goût naturel et son oreille s'affinaient chaque jour au gré de ses premières découvertes. . En plus d'être un plaisir, c'était une occupation et, au cours des semaines, cela prenait des heures. Il en résulta que son anniversaire tant redouté approchait avant qu'il ne s'en soucie davantage.

La question était rendue plus urgente par la circonstance imprévue que les conseils tenus (auxquels M. Lamps, rayonnant très brillamment, assista à quelques rares occasions) concernant la route à choisir, n'étaient, après tout, en aucune façon assistés par son enquêtes. Car il avait lié cet intérêt à telle route, ou cet intérêt à telle autre, mais il ne pouvait en déduire aucune raison pour donner la préférence à telle ou telle route. Par conséquent, lorsque le dernier conseil s'est tenu, cette partie des affaires en était finalement exactement là où elle en était au début.

«Mais, monsieur, remarqua Phœbé , nous n'avons finalement que six routes. La septième route est-elle stupide ?

« La septième route ? Ô !» dit Barbox Brothers en se frottant le menton. « C'est le chemin que j'ai pris, tu sais, quand je suis allé chercher ton petit cadeau. C'est *son* histoire, Phœbé .

« Pourriez-vous reprendre cette route, monsieur ? » demanda-t-elle avec hésitation.

"Pas le moindre; c'est une grande route après tout.

— Je voudrais que vous le preniez, répondit Phœbé avec un sourire persuasif, pour l'amour de ce petit présent qui doit m'être toujours si cher. J'aimerais que vous le preniez, parce que ce chemin ne pourra plus jamais être, comme n'importe quel autre chemin vers moi. Je voudrais que vous le preniez, en souvenir de ce que vous m'avez fait tant de bien : de ce que vous m'avez rendu tellement plus heureux ! Si vous me laissez par le chemin que vous avez parcouru lorsque vous êtes allé me faire cette grande bonté, » faisant résonner une faible corde pendant qu'elle parlait, « j'aurai l'impression, couchée ici à regarder à ma fenêtre, comme si cela devait vous conduire à une fin prospère. , et je te ramènerai un jour.

« Cela sera fait, ma chère ; cela doit être fait."

Finalement , le monsieur de Nulle part prit un billet pour Quelque part, et sa destination fut la grande ville ingénieuse.

Il avait flâné si longtemps autour du carrefour que c'était le 18 décembre qu'il le quitta. « Il était grand temps, pensa-t-il en s'asseyant dans le train, que je commence sérieusement ! Il ne reste qu'un jour clair entre moi et le jour que je fuis. Demain, j'irai vers les collines. J'irai au Pays de Galles.

C'est avec quelques peines qu'il se présenta aux avantages indéniables qu'une nouvelle occupation de ses sens pouvait apporter aux montagnes brumeuses, aux ruisseaux gonflés, à la pluie, au froid, au bord de la mer sauvage et aux routes accidentées. Et pourtant, il ne les distinguait guère aussi distinctement qu'il aurait pu le souhaiter. Si la pauvre fille, malgré sa nouvelle ressource, sa musique, éprouverait maintenant — juste au début — un sentiment de solitude qu'elle n'avait pas ressenti auparavant ; si elle a vu ces mêmes bouffées de vapeur et de fumée qu'il a vues, alors qu'il était assis dans le train en pensant à elle ; si son visage aurait une ombre pensive alors qu'ils mourraient hors de la vue lointaine de sa fenêtre ; si, en lui disant qu'il lui avait fait tant de bien, elle n'avait pas inconsciemment corrigé ses vieilles lamentations maussades sur sa situation dans la vie, en lui faisant penser qu'un homme pouvait être un grand guérisseur, s'il le voulait, et pourtant ne pas être un grand guérisseur. grand docteur; ces méditations et d'autres similaires se sont interposées entre lui et son image galloise. Il y avait aussi en lui ce sentiment sourd de vacuité qui suit la séparation d'un objet d'intérêt et la cessation d'une poursuite agréable ; et ce sentiment, étant tout à fait nouveau pour lui, le rendait inquiet. De plus, en perdant Mugby Junction, il s'était retrouvé ; et il n'était pas plus amoureux de lui-même pour avoir passé dernièrement son temps en meilleure compagnie.

Mais sûrement, non loin de là, doit se trouver la grande ville ingénieuse. Ce fracas et ce choc que subissait le train, et cet accouplement à lui d'une multitude d'échos nouveaux, ne pouvaient signifier rien de moins que l'approche de la grande gare. Cela ne signifiait rien de moins. Après quelques éclairs orageux de la ville, sous forme de révélations rapides de blocs de maisons en briques rouges, de hauts conduits de cheminée en briques rouges, de vues d'arches de chemin de fer en briques rouges, de langues de feu, de taches de fumée, de vallées de canaux, et des collines de charbon, c'est là que le tonnerre retentit à la fin du voyage.

Après avoir vu ses valises rangées en sécurité dans l'hôtel qu'il avait choisi et fixé son heure de dîner, Barbox Brothers sortit se promener dans les rues animées. Et maintenant, il commençait à soupçonner que Mugby Junction était un carrefour de nombreuses branches, invisibles aussi bien que visibles, et qui le reliait à un nombre infini de routes secondaires. Car, alors qu'il y a peu de temps encore, il aurait parcouru ces rues en réfléchissant aveuglément, il avait désormais des yeux et des pensées tournés vers un nouveau monde extérieur. Comment les nombreux travailleurs ont vécu, aimé et sont morts ; combien il était merveilleux de considérer les divers entraînements de l'œil et de la main, les distinctions subtiles de la vue et du toucher, qui les séparaient en classes d'ouvriers, et même en classes d'ouvriers divisés en subdivisions d'un tout complet qui combinait leurs nombreuses intelligences et forces, bien qu'en soi, il ne s'agisse que d'un objet d'usage ou d'ornement bon marché dans la vie commune ; comme il était bon de savoir qu'un tel rassemblement en multitude de leur part, et une telle contribution de leurs diverses dextérités à une fin civilisatrice , ne les détériorait pas comme c'était la mode de prétendre les éphémères hautains de l'humanité, mais engendrait parmi eux un respect d'eux-mêmes et pourtant un modeste désir d'être beaucoup plus sages qu'eux (le premier se manifestait dans leur attitude et leur manière de parler bien équilibrées lorsqu'il s'arrêtait pour poser une question ; le second, dans les annonces de leurs études populaires). et divertissements sur les murs publics) ; ces considérations, et une foule d'autres, rendirent sa promenade mémorable. « Moi aussi, je ne suis qu'une petite partie d'un grand tout », commença-t-il à penser ; « et pour être utile à moi-même et aux autres, ou pour être heureux, je dois placer mon intérêt dans le capital social et le retirer du capital. »

Même s'il était arrivé à midi au terme de son voyage, il avait depuis insensiblement parcouru la ville si loin et si longtemps que les allumeurs de réverbères étaient maintenant à leur travail dans les rues et que les boutiques brillaient de mille feux. Ainsi rappelé de se tourner vers ses quartiers, il était en train de le faire, lorsqu'une toute petite main se glissa dans la sienne, et une toute petite voix dit :

« Ô ! S'il vous plaît, je suis perdu.

Il baissa les yeux et vit une toute petite fille blonde.

"Oui", dit-elle, confirmant ses paroles par un signe de tête sérieux. "Je suis en effet. Je suis perdu."

Très perplexe, il s'arrêta, chercha du secours autour de lui, n'en aperçut aucun et dit en se baissant : « Où habites-tu, mon enfant ?

«Je ne sais pas où j'habite», répondit-elle. "Je suis perdu."

"Quel est ton nom?"

"Polly."

"Quel est ton autre nom?"

La réponse fut rapide, mais inintelligible.

Imitant le son, alors qu'il le captait, il se hasarda à deviner : « Trivits ?

"Oh non!" dit l'enfant en secouant la tête. "Rien de semblable à ça."

"Dites-le encore, petit."

Une affaire peu prometteuse. Pour cette fois, le son était tout à fait différent.

Il osa : « Paddens ?

"Oh non!" dit l'enfant. "Rien de semblable à ça."

"Une fois de plus. Essayons à nouveau, ma chère.

Une affaire des plus désespérées. Cette fois, il se gonfla en quatre syllabes. "Ça ne peut pas être Tappitarver ?" » dit Barbox Brothers en se frottant la tête avec son chapeau en signe de déconfiture.

"Non! Ce n'est pas le cas », acquiesça doucement l'enfant.

En réessayant ce malheureux nom, avec des efforts extraordinaires pour le distinguer, il se gonfla en huit syllabes au moins.

« Ah ! Je pense, dit Barbox Brothers avec un air désespéré et résigné, que nous ferions mieux d'y renoncer.

"Mais je suis perdue", dit l'enfant en serrant plus étroitement sa petite main dans la sienne, "et tu prendras soin de moi, n'est-ce pas ?"

Si jamais un homme était déconcerté par la division entre la compassion d'un côté et l'imbécillité même de l'irrésolution de l'autre, cet homme était bien là. "Perdu!" répéta-t-il en regardant l'enfant. «Je suis sûr que *je* le suis. Qu'y a-t-il à faire!"

"Où habites- *tu* ?" » demanda l'enfant en le regardant avec nostalgie.

« Là-bas », répondit-il en désignant vaguement la direction de son hôtel.

"Ne devrions-nous pas y aller?" dit l'enfant.

"Vraiment", a-t-il répondu, "je ne sais pas mais ce que nous avions."

Alors ils partirent main dans la main. Lui, en se comparant à son petit compagnon, avait un sentiment de maladresse, comme s'il venait de devenir un géant insensé. Elle, clairement élevée dans sa petite opinion en l'ayant si parfaitement sorti de son embarras.

"Nous allons dîner quand nous y arriverons, je suppose?" » dit Polly.

"Eh bien," répondit-il, "je… oui, je suppose que nous le sommes."

"Est-ce que tu aimes ton dîner?" demanda l'enfant.

"Eh bien, dans l'ensemble", a déclaré Barbox Brothers, "oui, je pense que oui."

"Je fais le mien", a déclaré Polly. "Avez-vous des frères et sœurs?"

"Non. Avez-vous?"

"Les miens sont morts."

"Oh!" » a déclaré les frères Barbox . Avec ce sentiment absurde d'encombrement d'esprit et de corps qui l'alourdissait, il n'aurait pas su poursuivre la conversation au-delà de cette brève réplique, si l'enfant n'était toujours prêt à l'accueillir.

"Qu'est-ce que," demanda-t-elle en tournant sa main douce dans la sienne, "tu vas faire pour m'amuser, après le dîner?"

« Sur mon âme, Polly », s'exclamèrent les frères Barbox , très perdus, « je n'en ai pas la moindre idée ! »

"Alors je te dis quoi", dit Polly. "Avez-vous des cartes chez vous?"

«Beaucoup», a déclaré Barbox Brothers d'un ton vantard.

"Très bien. Alors je bâtirai des maisons, et tu me regarderas. Il ne faut pas exploser, tu sais.

"Oh non!" » a déclaré les frères Barbox . "Non non Non. Pas de souffle. Souffler n'est pas juste.

Il se flattait d'avoir assez bien dit cela pour un monstre idiot ; mais l'enfant, percevant instantanément la maladresse de sa tentative de s'adapter à son niveau, détruisit complètement l'opinion pleine d'espoir qu'il avait de lui-même en disant avec compassion : « Quel drôle d'homme vous êtes !

Sentant, après ce mélancolique échec, comme s'il devenait de minute en minute plus grand, plus lourd physiquement et plus faible d'esprit, Barbox se livra à un mauvais travail. Aucun géant ne s'est jamais soumis avec plus de douceur à être mené en triomphe par Jack le conquérant de tout, qu'à être lié en esclavage par Polly.

"Connaissez-vous des histoires?" elle lui a demandé.

Il en fut réduit à l'aveu humiliant : « Non ».

"Quel cancre vous devez être, n'est-ce pas ?" » dit Polly.

Il en fut réduit à l'aveu humiliant : « Oui ».

« Voudriez-vous que je vous apprenne une histoire ? Mais vous devez vous en souvenir, vous savez, et être capable de le raconter à quelqu'un d'autre par la suite.

Il a déclaré que cela lui procurerait la plus grande satisfaction mentale d'apprendre une histoire et qu'il s'efforcerait humblement de la retenir dans son esprit. Sur quoi Polly, donnant à sa main un nouveau petit tour dans la sienne, en signe de s'installer pour le plaisir, commença une longue romance, dont chaque clause savoureuse commençait par les mots : « Ainsi ceci » ou « Et ainsi cela ». Comme : « Alors ce garçon ; » ou : « Alors cette fée ; » ou : « Et donc cette tarte mesurait quatre mètres de diamètre et deux mètres et quart de profondeur. » L'intérêt du roman provenait de l'intervention de cette fée pour punir ce garçon pour son appétit gourmand. Pour atteindre ce but, cette fée a fait cette tarte, et ce garçon a mangé et mangé et mangé, et ses joues ont enflé et enflé et enflé. Il y a eu de nombreuses circonstances tributaires, mais l'intérêt forcé a culminé dans la consommation totale de cette tarte, et l'éclatement de ce garçon. En vérité, c'était un beau spectacle, les frères Barbox , au visage sérieux et attentif, et à l'oreille baissée, très bousculé sur les trottoirs de la ville animée, mais craignant de perdre un seul incident de l'épopée, de peur d' y être interrogé par... et par et trouvé déficient.

ainsi à l'hôtel. Et là, il dut dire au bar, et il dit assez maladroitement : « J'ai trouvé une petite fille !

Tout l'établissement s'est tourné vers la petite fille. Personne ne la connaissait ; personne ne pouvait distinguer son nom tel qu'elle l'expliquait, à l'exception d'une femme de chambre qui disait que c'était Constantinople, ce qui n'était pas le cas.

"Je dînerai avec mon jeune ami dans une salle privée", a déclaré Barbox Brothers aux autorités de l'hôtel, "et peut-être aurez-vous la gentillesse de faire savoir à la police que le joli bébé est là. Je suppose qu'elle sera sûrement recherchée bientôt, si ce n'est déjà fait. Viens, Polly.

Parfaitement à l'aise et en paix, Polly arriva, mais, trouvant les escaliers un peu durs, elle fut portée par Barbox Brothers. Le dîner fut un succès des plus transcendants, et l' attitude penaude de Barbox , sous les instructions de Polly sur la manière de hacher sa viande pour elle et de répandre la sauce sur l'assiette d'une main libérale et égale, était un autre beau spectacle.

"Et maintenant," dit Polly, "pendant que nous sommes en train de dîner, sois gentil et raconte-moi cette histoire que je t'ai apprise."

Avec les tremblements d'un examen de la fonction publique sur lui, et très incertains en effet, non seulement quant à l'époque à laquelle la tarte est apparue dans l'histoire, mais aussi quant aux mesures de ce fait indispensable, les frères Barbox ont fait un début chancelant, mais sous les encouragements ont été très équitables. Il y avait un manque de largeur observable dans le rendu des joues, ainsi que dans l'appétit du garçon ; et il y avait une certaine docilité chez sa fée, liée à un désir sous-jacent de rendre compte d'elle. Pourtant, en tant que première performance lourde d'un monstre de bonne humeur , elle a réussi.

"Je t'ai dit d'être sage", dit Polly, "et tu es bonne, n'est-ce pas ?"

"Je l'espère", a répondu Barbox Brothers.

Sa déférence était telle que Polly, élevée sur une plate-forme de coussins de canapé dans un fauteuil à sa droite, l'encourageait d'une ou deux tapes sur le visage avec le bol graisseux de sa cuillère, et même d'un baiser gracieux. Cependant, en se levant sur sa chaise pour lui donner cette dernière récompense, elle bascula parmi les plats, et le fit s'écrier en effectuant son sauvetage : « Gracieux anges ! Ouf! Je pensais que nous étions dans le feu, Polly ! »

"Quel lâche tu es, n'est-ce pas ?" » dit Polly, une fois remplacée.

"Oui, je suis plutôt nerveux", a-t-il répondu. "Ouf! Ne le fais pas, Polly ! Ne faites pas flotter votre cuillère, sinon vous passerez de côté. Ne relevez pas vos jambes quand vous riez, Polly, sinon vous reculerez. Ouf! Polly, Polly, Polly », ont déclaré Barbox Brothers, succombant presque au désespoir, « nous sommes entourés de dangers !

En effet, il ne pouvait déceler aucune sécurité face aux pièges qui guettaient Polly, sinon en lui proposant, après le dîner, de s'asseoir sur un tabouret bas. "Je le ferai, si tu le veux", dit Polly. Ainsi, comme la tranquillité d'esprit devait primer avant tout, il pria le serveur d'écarter la table, d'apporter un jeu de cartes, deux repose-pieds et un paravent, et de se rapprocher de Polly et de lui-même devant le feu, pour ainsi dire. une pièce confortable dans la pièce. Puis, le plus beau spectacle de tous, c'était Barbox Brothers sur son repose-pieds, avec une carafe de pinte sur le tapis, contemplant Polly alors qu'elle construisait avec succès, et devenant bleu au visage en retenant son souffle, de peur qu'il ne fasse exploser la maison.

"Comment tu regardes, n'est-ce pas?" » dit Polly, dans une pause sans abri.

Dépouillé dans ce fait ignoble, il se sentit obligé d'admettre, en s'excusant : « J'ai bien peur de vous avoir regardé assez attentivement, Polly. »

"Pourquoi regardes-tu?" » demanda Polly.

«Je ne peux pas», murmura-t-il, «me rappeler pourquoi. Je ne sais pas, Polly.»

« Vous devez être un simplet pour faire des choses sans savoir pourquoi, n'est-ce pas ? » » dit Polly.

Malgré ce reproche, il regarda de nouveau l'enfant, intensément, alors qu'elle penchait la tête sur sa structure en carte, ses riches boucles ombrageant son visage. « Il est impossible, pensa-t-il, que j'aie jamais pu voir ce joli bébé auparavant. Puis-je avoir rêvé d'elle ? Dans un rêve douloureux ?

Il ne pouvait rien en tirer. Il s'est donc lancé dans le bâtiment en tant que compagnon sous la direction de Polly, et ils ont construit trois étages, quatre étages, voire cinq.

"Je dis. À votre avis, qui vient ? » demanda Polly en se frottant les yeux après le thé.

Il devina : « Le serveur ?

«Non», dit Polly, «l'éboueur. Je commence à avoir sommeil.

Une nouvelle gêne pour Barbox Brothers !

« Je ne pense pas qu'on me cherchera ce soir », dit Polly ; "qu'en penses-tu?"

Il ne le pensait pas non plus. Au bout d'un autre quart d'heure, l'éboueur non seulement imminent mais arrivant effectivement, on eut recours à la femme de chambre de Constantinople : qui s'engagea gaiement à ce que l'enfant dorme dans une chambre confortable et saine, qu'elle partagerait elle-même.

"Et je sais que vous ferez attention, n'est-ce pas", a déclaré Barbox Brothers, alors qu'une nouvelle peur lui faisait surface, "qu'elle ne tombe pas du lit."

Polly trouvait cela si amusant qu'elle était obligée de le serrer autour du cou avec les deux bras alors qu'il était assis sur son repose-pieds, ramassant les cartes et le berçant d'avant en arrière , avec son menton fossette sur son épaule.

"Oh, quel lâche tu es, n'est-ce pas !" » dit Polly. "Est-ce que *tu* tombes du lit?"

"N...pas généralement, Polly."

"Moi non plus."

Sur ce, Polly lui fit un ou deux câlins rassurants pour le maintenir en vie, puis tendit son petit doigt confiant pour qu'il soit englouti dans la main de la femme de chambre de Constantinople et partit au trot en bavardant, sans la moindre trace d'anxiété.

Il s'est occupé d'elle, a fait enlever la moustiquaire et remplacer la table et les chaises, et il a continué à s'occuper d'elle. Il a arpenté la pièce pendant une demi-heure. « Une petite créature très attachante, mais ce n'est pas ça. Une petite voix des plus gagnantes, mais ce n'est pas ça. Cela a beaucoup à voir avec cela, mais il y a autre chose. Comment se fait-il que je semble connaître cet enfant ? De quoi m'a-t-elle rappelé imparfaitement lorsque je l'ai sentie se toucher dans la rue et que, la regardant, je l'ai vue me regarder ?

"M. Jackson ! »

Avec un sursaut, il se tourna vers le son de la voix sourde et vit sa réponse se tenant à la porte.

«Ô M. Jackson, ne soyez pas sévère avec moi. Dites-moi un mot d'encouragement, je vous en supplie.

"Tu es la mère de Polly."

"Oui."

Oui. Polly elle-même pourrait en arriver là un jour. Comme vous voyez ce qu'était la rose, dans ses feuilles fanées ; comme vous voyez quelle était la croissance estivale des bois, dans leurs branches hivernales ; ainsi Polly pourrait-elle être retrouvée, un jour, dans une femme soucieuse comme celle-ci, avec ses cheveux devenus gris. Devant lui se trouvaient les cendres d'un feu mort qui brûlait autrefois. C'était la femme qu'il avait aimée. C'était la femme qu'il avait perdue. Telle avait été la constance de son imagination envers elle, à tel point que le temps lui avait épargné sa retenue, que maintenant, voyant avec quelle brutalité la main inexorable l'avait frappée, son âme était remplie de pitié et d'étonnement.

Il la conduisit jusqu'à une chaise et se tenait appuyé contre un coin de la cheminée, la tête appuyée sur sa main et le visage à demi détourné.

« M'avez-vous vu dans la rue et m'avez-vous montré à votre enfant ? Il a demandé.

"Oui."

« La petite créature est-elle donc complice de la tromperie ?

«J'espère qu'il n'y a pas de tromperie. Je lui ai dit : « Nous avons perdu notre chemin et je dois essayer de retrouver le mien par moi-même. Allez voir ce monsieur et dites-lui que vous êtes perdu. On vous cherchera bientôt. Peut-être n'avez-vous pas pensé à quel point elle est très jeune ?

"Elle est très autonome."

"Peut-être parce qu'elle est si jeune?"

Il a demandé, après une courte pause : « Pourquoi as-tu fait ça ?

« Ô M. Jackson, me demandez-vous ? Dans l'espoir que vous puissiez voir quelque chose chez mon enfant innocent pour adoucir votre cœur envers moi. Pas seulement envers moi, mais envers mon mari.

Il se retourna brusquement et se dirigea vers l'extrémité opposée de la pièce. Il revint d'un pas plus lent, et reprit son ancienne attitude, en disant :

"Je pensais que tu avais émigré en Amérique?"

"Nous faisions. Mais la vie a mal tourné là-bas et nous sommes revenus.

« Vivez-vous dans cette ville ? »

"Oui. Je suis un professeur de musique quotidien ici. Mon mari est comptable.

« Etes-vous – pardonnez ma question – pauvre ?

« Nous gagnons suffisamment pour nos besoins. Ce n'est pas notre détresse. Mon mari est très, très malade d'une maladie persistante. Il ne s'en remettra jamais… »

« Vous vous vérifiez. Si c'est faute de la parole d'encouragement dont vous avez parlé, ôtez-la-moi. Je ne peux pas oublier le bon vieux temps, Béatrice.

"Que Dieu te bénisse!" répondit-elle en fondant en larmes et en lui tendant sa main tremblante.

« Composez-vous. Je ne peux pas être calme si vous ne l'êtes pas, car vous voir pleurer me bouleverse au-delà de toute expression. Parlez-moi librement. Fais-moi confiance."

Elle s'abrita le visage avec son voile et, au bout d'un moment, parla calmement. Sa voix ressemblait à celle de Polly.

« Ce n'est pas du tout que l'esprit de mon mari soit altéré par sa souffrance physique, car je vous assure que ce n'est pas le cas. Mais dans sa faiblesse, et sachant qu'il est incurablement malade, il ne peut vaincre l'ascendant d'une idée. Cela s'en prend à lui, aigrit chaque instant de sa vie douloureuse et la raccourcira.

Elle s'arrêtant, il répéta : « Parle-moi librement. Fais-moi confiance."

« Nous avons eu cinq enfants avant ce chéri, et ils reposent tous dans leur petite tombe. Il croit qu'ils ont dépéri sous une malédiction et que cela ravagera cet enfant comme les autres.

« Sous quelle malédiction ?

« Lui et moi avons sur la conscience que nous vous avons éprouvé très durement, et je ne sais pas si j'étais aussi malade que lui, je pourrais souffrir dans mon esprit comme lui. C'est le fardeau constant : « Je crois, Béatrice, que j'étais la seule amie que M. Jackson ait jamais voulu se faire, même si j'étais de loin son cadet. Plus il acquérait d'influence dans l'affaire, plus il m'avançait haut, et j'étais seul dans sa confiance privée. Je me suis mis entre lui et toi, et je t'ai pris à lui. Nous étions tous les deux secrets, et le coup est tombé alors qu'il n'était absolument pas préparé. L'angoisse que cela causait à un homme si comprimé devait être terrible ; la colère qu'il a réveillée, inapaisable. Alors, une malédiction est venue être invoquée sur nos pauvres jolies petites fleurs, et elles tombent.'»

« Et vous, Béatrice, demanda-t-il lorsqu'elle eut cessé de parler et qu'il y eut ensuite un silence : que dites-vous ?

"Jusqu'à ces quelques semaines, j'avais peur de toi et je croyais que tu ne pardonnerais jamais, jamais."

"Jusqu'à ces quelques semaines", répéta-t-il. "Avez-vous changé votre opinion sur moi au cours de ces quelques semaines?"

"Oui."

"Pour quelle raison?"

«J'étais en train d'acheter des morceaux de musique dans un magasin de cette ville, quand, à ma grande terreur, tu es entré. Alors que je me voilais le visage et me tenais dans le fond sombre du magasin, je t'ai entendu expliquer que tu voulais un instrument de musique. pour une fille alitée. Votre voix et vos manières étaient si douces, vous avez montré un tel intérêt pour son choix, vous l'avez emporté vous-même avec tant de tendresse de soin et de plaisir, que j'ai su que vous étiez un homme au cœur des plus doux. Ô M. Jackson, M. Jackson, si vous aviez pu ressentir la pluie rafraîchissante de larmes qui a suivi pour moi ! »

Phœbé jouait- elle à ce moment-là, sur son canapé lointain ? Il semblait l'entendre.

« Je me suis renseigné auprès du magasin où vous habitiez, mais je n'ai pu obtenir aucune information. Comme je vous avais entendu dire que vous repartiriez par le prochain train (mais vous n'aviez pas dit où), j'ai résolu de me rendre à la gare vers cette heure-là, aussi souvent que je le pourrais, entre mes cours, à l'occasion. de te revoir. J'y suis allé très souvent, mais je ne vous ai plus vu jusqu'à aujourd'hui. Vous méditiez en marchant dans la rue, mais l'expression calme de votre visage m'a encouragé à vous envoyer mon enfant. Et quand je t'ai vu pencher la tête pour lui parler tendrement, j'ai prié DIEU de me pardonner de lui avoir jamais apporté un chagrin. Je vous prie maintenant de me pardonner et de pardonner à mon mari. J'étais très jeune, il était jeune aussi, et dans la hardiesse ignorante d'une telle époque de la vie, nous ne savons pas ce que nous faisons à ceux qui ont subi plus de discipline. Espèce d'homme généreux ! Espèce de brave homme ! Alors, pour me relever et ne rien faire de mon crime contre vous ! » – car il ne voulait pas la voir à genoux, et il la calmait comme un bon père aurait pu apaiser une fille égarée – « merci, bénissez-vous, merci ! »

Lorsqu'il reprit la parole, ce fut après avoir écarté le rideau de la fenêtre et regardé un moment dehors. Ensuite, il a seulement dit :

"Est-ce que Polly dort?"

"Oui. En entrant, je la rencontrai qui s'éloignait et je la mis moi-même au lit.

« Laissez-la-moi pour demain, Béatrice, et écrivez-moi votre adresse sur cette feuille de mon portefeuille. Le soir, je te la ramènerai à la maison, ainsi qu'à son père.

* * * * *

"Bonjour!" s'écria Polly en posant son visage impertinent et ensoleillé à la porte le lendemain matin, alors que le petit-déjeuner était prêt : « Je pensais qu'on me récupérait hier soir ?

"C'est vrai, Polly, mais j'ai demandé la permission de te garder ici pour la journée et de te ramener à la maison le soir."

"Sur ma parole!" » dit Polly. "Tu es très cool, n'est-ce pas ?"

Cependant, Polly semblait penser que c'était une bonne idée et ajouta : "Je suppose que je dois t'embrasser, même si tu *es* cool." Le baiser donné et reçu, ils s'assirent pour prendre le petit déjeuner sur un ton très conversationnel.

"Bien sûr, tu vas m'amuser ?" » dit Polly.

"Oh, bien sûr", a déclaré Barbox Brothers.

Au comble du plaisir de ses anticipations, Polly trouva indispensable de poser son morceau de pain grillé, de croiser un de ses petits genoux gras sur l'autre et de ramener sa petite grosse main droite dans sa main gauche avec une gifle professionnelle. Après ce rassemblement, Polly, qui n'était plus qu'un simple tas de fossettes, demanda d'une manière cajoleuse : « Qu'allons-nous faire, chère vieille chose ?

"Eh bien, je pensais," dit Barbox Brothers, "... mais est-ce que tu aimes les chevaux, Polly ?"

« Des poneys, je le suis », dit Polly, « surtout quand leur queue est longue. Mais les chevaux… n… non… trop gros, vous savez.

"Eh bien", poursuivit Barbox Brothers avec un esprit de confiance grave et mystérieuse adapté à l'importance de la consultation, "j'ai vu hier, Polly, sur les murs, des images de deux poneys à longue queue, tachetés de partout…"

"Non non NON !" s'écria Polly, dans un désir extatique de s'attarder sur les détails charmants. "Pas de taches partout!"

« Moucheté partout. Quels poneys sautent dans des cerceaux... »

"Non non NON !" s'écria Polly, comme auparavant. "Ils ne sautent jamais à travers des cerceaux!"

« Oui, ils le font. Je vous assure que oui. Et manger une tarte en tablier... »

« Des poneys mangeant de la tarte en tablier ! » » dit Polly. "Quel conteur tu es, n'est-ce pas ?"

« Sur mon honneur ... Et tirez avec des fusils.

(Polly semblait à peine voir la force des poneys recourant aux armes à feu.)

"Et je pensais", poursuivit l'exemplaire Barbox , "que si vous et moi allions au cirque où se trouvent ces poneys, cela ferait du bien à nos constitutions."

"Est-ce que ça veut dire, amuse-nous ?" » demanda Polly. "Quels longs mots utilisez-vous, n'est-ce pas ?"

S'excusant de s'être égaré, il répondit : « Cela veut dire, amusez-nous. C'est exactement ce que cela signifie. Il existe bien d'autres merveilles que les poneys, et nous les verrons toutes. Mesdames et messieurs en robes pailletées, avec des éléphants, des lions et des tigres.

Polly commença à observer la théière, avec un nez retroussé indiquant un certain malaise mental. « Bien sûr, ils ne sortent jamais », a-t-elle fait remarquer comme un simple truisme.

« Les éléphants, les lions et les tigres ? Oh mon Dieu, non ! »

"Oh mon Dieu, non!" » dit Polly. "Et bien sûr, personne n'a peur que les poneys tirent sur qui que ce soit."

"Pas le moindre au monde."

"Non, non, pas le moindre au monde", dit Polly.

« Je pensais aussi, reprit Barbox , que si nous allions au magasin de jouets pour choisir une poupée... »

"Pas habillé!" s'écria Polly en frappant dans ses mains. "Non, non, NON , pas habillé !"

« Tout habillé. Avec une maison et tout ce qui est nécessaire pour le ménage... »

Polly poussa un petit cri et parut sur le point de sombrer dans un évanouissement de bonheur. "Quelle chérie tu es!" s'exclama-t-elle langoureusement en se penchant en arrière sur sa chaise. "Viens et fais-toi serrer dans mes bras, ou je dois venir te serrer dans mes bras!"

Ce programme resplendissant fut exécuté avec la plus grande rigueur de la loi. Comme il était essentiel de faire de l'achat de la poupée son premier trait - sinon cette dame aurait perdu les poneys - l'expédition du magasin de jouets avait priorité. Polly, dans l'entrepôt magique, avec une poupée aussi grande qu'elle sous chaque bras et un joli assortiment d'une vingtaine d'autres exposées sur le comptoir, offrait effectivement un spectacle d'indécision pas tout à fait compatible avec un bonheur sans mélange, mais le léger nuage passa. . Le joli spécimen le plus souvent choisi, le plus souvent rejeté et finalement respecté, était d'origine circassienne, possédant autant d'audace de beauté qu'il était possible de le concilier avec une extrême faiblesse de bouche, et combinant une pelisse de soie bleu ciel avec un pantalon de satin rose , et un chapeau de velours noir : que cette belle étrangère à nos côtes septentrionales semble avoir fondé sur les portraits de feu la duchesse de Kent. Le nom que cette étrangère distinguée a apporté avec elle sous le ciel lumineux d'un climat ensoleillé était (sous l'autorité de Polly) Miss Melluka , et la nature coûteuse de sa tenue de femme de ménage, d'après les coffres de Barbox , peut être déduite des deux faits que ses cuillères à café en argent étaient aussi grosses que son tisonnier de cuisine, et que les proportions de sa montre dépassaient celles de sa poêle à frire. Miss Melluka était gracieusement heureuse d'exprimer son entière approbation du cirque, tout comme Polly ; car les poneys *étaient* tachetés et n'abattaient personne lorsqu'ils tiraient, et la sauvagerie des bêtes sauvages semblait n'être que de la fumée, article qu'en fait elles produisaient en grande quantité de leurs entrailles. L' absorption de Barbox dans le sujet général tout au long de la réalisation de ces délices était encore une fois un spectacle à voir, et ce n'était pas moins digne d'être vu au dîner, quand il buvait à Miss Melluka , attaché raide sur une chaise en face de Polly (la belle Circassienne possédant une colonne vertébrale inflexible), et a même incité le serveur à aider à réaliser avec le décorum la glorieuse idée dominante. Pour finir, vint la fièvre agréable de mettre Miss Melluka , toute sa garde-robe et ses riches biens dans une mouche avec Polly, pour les ramener à la maison. Mais à ce moment-là, Polly était devenue incapable de regarder avec des yeux éveillés tant de joies accumulées et avait retiré sa conscience dans le merveilleux paradis du sommeil d'un enfant. « Dors, Polly, dors », dit Barbox Brothers, alors que sa tête tombait sur son épaule ; "En tout cas, tu ne tomberas pas facilement de ce lit !"

Le morceau de papier bruissant qu'il a sorti de sa poche et soigneusement plié dans le sein de la robe de Polly ne sera pas mentionné. Il n'en a rien dit et rien ne sera dit à ce sujet. Ils se rendirent en voiture dans un modeste faubourg de la grande ville ingénieuse et s'arrêtèrent devant le parvis d'une petite maison. "Ne réveillez pas l'enfant", dit doucement Barbox Brothers au chauffeur, "je la porterai telle qu'elle est."

Saluant la lumière à la porte ouverte tenue par la mère de Polly, le porteur de Polly passa avec la mère et l'enfant dans une pièce du rez-de-chaussée. Là, étendu sur un canapé, gisait un malade, très émacié, qui se couvrait les yeux de ses mains émaciées.

"Tresham," dit Barbox d'une voix gentille, "Je t'ai ramené ta Polly, profondément endormie. Donne-moi ta main et dis-moi que tu vas mieux.

Le malade tendit la main droite, baissa la tête sur la main dans laquelle elle était prise et la baisa. "Merci merci! Je peux dire que je vais bien et que je suis heureux.

"C'est courageux", a déclaré Barbox . "Tresham, j'ai une envie : peux-tu me faire de la place à côté de toi ici ?"

Il s'assit sur le canapé pendant qu'il prononçait des mots, chérissant la joue rebondie couleur pêche qui reposait sur son épaule.

« J'ai envie, Tresham (je deviens un assez vieux garçon maintenant, vous savez, et les vieux gars peuvent parfois avoir des fantaisies en tête), d'abandonner Polly, après l'avoir trouvée, à personne d'autre que vous. Veux-tu me la prendre ?

Tandis que le père tendait les bras vers l'enfant, chacun des deux hommes se regardait fixement.

« Elle vous est très chère, Tresham ?

"Indiciblement cher."

"Que Dieu la bénisse! Ce n'est pas grand-chose, Polly," continua-t-il en tournant les yeux vers son visage paisible alors qu'il l' apostrophait , "ce n'est pas grand-chose, Polly, pour un homme aveugle et pécheur d'invoquer une bénédiction sur quelque chose de bien meilleur que lui-même en tant que personne. le petit enfant est; mais ce serait beaucoup — beaucoup pour sa tête cruelle et beaucoup pour son âme coupable — s'il pouvait être assez méchant pour invoquer une malédiction. Il ferait mieux qu'il ait une meule autour du cou et qu'il soit jeté dans la mer la plus profonde. Vis et prospère, mon joli bébé ! » Ici, il l'a embrassée. « Vivez et prospérez, et devenez avec le temps la mère d'autres petits enfants, comme les anges qui voient le visage du Père ! »

Il l'embrassa encore, la livra doucement à ses deux parents et sortit.

Mais il n'est pas allé au Pays de Galles. Non, il n'est jamais allé au Pays de Galles. Il partit aussitôt faire une autre promenade dans la ville, et il regarda les gens à leur travail et à leurs jeux, ici, là, partout et ailleurs . Car il s'appelait désormais Barbox Brothers and Co. et avait accueilli des milliers d'associés dans cette entreprise solitaire.

Il était enfin rentré dans sa chambre d'hôtel et se tenait devant son feu en train de se rafraîchir avec un verre de boisson chaude qu'il avait posé sur la cheminée, lorsqu'il entendit sonner les horloges de la ville et, se référant à sa montre : La soirée s'était tellement écoulée qu'on sonnait midi. En remontant sa montre, ses yeux rencontrèrent ceux de son reflet dans la vitre de la cheminée.

"Pourquoi c'est déjà ton anniversaire," dit-il en souriant. « Vous avez l'air très bien. Je vous souhaite de nombreux bons retours de la journée.

Il ne s'était jamais accordé ce souhait auparavant. « Par Jupiter ! a-t-il découvert, « cela change tout le cas de la fuite avant son anniversaire ! C'est une chose à expliquer à Phœbe . D'ailleurs, voici une assez longue histoire à lui raconter, qui est sortie du chemin sans histoire. J'y retournerai, au lieu de continuer. Je retournerai chez mon ami Lamps's Up X tout à l'heure.

Il est retourné à Mugby Junction et, en fait, il s'est établi à Mugby Junction. C'était l'endroit idéal pour vivre, pour égayer la vie de Phœbé . C'était l'endroit idéal pour vivre, car Béatrice lui enseignait la musique. C'était l'endroit idéal pour vivre, pour emprunter occasionnellement Polly. C'était l'endroit idéal pour vivre, car on pouvait y joindre à volonté toutes sortes de lieux et de personnes agréables. Ainsi, il s'est installé là-bas, et, sa maison étant située dans une situation élevée, sa conclusion est digne de mention, comme Polly elle-même aurait pu le dire (non irrévérencieusement) :

> Il y avait un vieux Barbox qui vivait sur une colline,
> et s'il n'est pas parti, il y vit toujours.

Voici la substance de ce qui a été vu , entendu ou capté d'une autre manière par le Gentleman for Nowhere , dans son étude minutieuse de The Junction .

LIGNE PRINCIPALE
LE GARÇON CHEZ MUGBY

Je suis le garçon de Mugby . C'est à peu près ce que *je* suis.

Vous ne voyez pas ce que je veux dire ? Quel dommage! Mais je pense que oui. Je pense que tu dois le faire. Regardez ici. Je suis le garçon de ce qu'on appelle la salle de rafraîchissement à Mugby Junction, et ce dont je suis le plus fier est que cela n'a encore jamais rafraîchi un être mortel.

Dans un coin du Down Refreshment Room à Mugby Junction, à hauteur de vingt-sept courants d'air (je les ai souvent comptés pendant qu'ils brossaient les cheveux de première classe de vingt-sept façons), derrière les bouteilles, parmi les verres , borné au nord-ouest par la bière, se dressait assez loin à droite d'un objet métallique qui est tantôt l'urne à thé, tantôt la soupière, selon la nature du dernier tintement imprimé à son contenu qui sont les mêmes bases, défendues du voyageur par une barrière de génoises rassis érigées au sommet du comptoir, et enfin exposées de côté aux yeux de notre Missis - vous demandez à un garçon si bien placé , la prochaine fois que vous vous arrêterez précipitamment à Mugby , pour boire quelque chose ; vous remarquerez particulièrement qu'il essaiera de ne pas avoir l'air de vous entendre, qu'il apparaîtra de manière distraite pour surveiller la Ligne à travers un milieu transparent composé de votre tête et de votre corps, et qu'il ne vous servira pas aussi longtemps comme vous pouvez éventuellement le supporter. C'est moi.

Quelle alouette c'est ! Nous sommes l'établissement modèle, nous le sommes, à Mugby . D'autres buvettes envoient leurs demoiselles imparfaites se faire achever par nos Missis. Pour certaines jeunes filles, lorsqu'elles débutent dans le métier, soyez doux ! Ah ! Notre Missis, elle leur enlève bientôt ça . Eh bien, au départ, je me suis lancé dans le métier avec douceur. Mais notre Missis *m'a* vite enlevé cela .

Quelle délicieuse alouette ! Je considère que nous, les rafraîchisseurs , détenons la seule position fièrement indépendante sur la ligne. Il y a Papers par exemple — mon honorable ami s'il me permet de l'appeler ainsi — qui appartient à la librairie de Smith. Pourquoi n'ose-t-il pas plus participer à nos jeux rafraîchissants qu'il n'ose sauter au sommet d'une locomotive avec sa vapeur à pleine pression et s'en prendre à elle seule, en conduisant lui-même, à une vitesse de courrier limitée. Papers, il se ferait cogner la tête dans tous les compartiments, premier, deuxième et troisième, sur toute la longueur d'un train, s'il osait imiter mon comportement . C'est la même chose avec les porteurs, la même chose avec les gardes, la même chose avec les guichetiers, la même chose jusqu'au secrétaire, au responsable de la circulation ou au président lui-même. Il n'y en a pas un parmi eux qui soit aussi noblement indépendant que nous. Avez-vous déjà attrapé l'un d' *eux* , alors que vous vouliez quelque chose de lui, en train de créer un système d'observation de la Ligne à travers un support transparent composé de votre tête et de votre corps ? J'espère que non.

Vous devriez voir notre salle de bandolining à Mugby Junction. On y accède, par la porte derrière le comptoir que vous remarquerez généralement entrouverte, et c'est la pièce où Nos Missis et nos demoiselles se coiffent en bandolines. Vous devriez les voir , entre les trains, s'éloigner en bandolinisant , comme s'ils se oignaient pour le combat. Lorsque vous recevez un télégramme, vous devriez voir leurs nez se lever avec mépris, comme si cela faisait partie du fonctionnement de la même machine électrique de Cooke et de Wheatstone. Vous devriez entendre Notre Missis prononcer le mot « Voici la bête à nourrir ! » et alors vous devriez les voir franchir la ligne avec indignation, du haut vers le bas, ou Wicer Varsovie, et commencer à jeter la pâtisserie rassis dans les assiettes, et jeter les sangwiches à la sciure de bois sous les couvercles en verre, et sortir le... ha ha ha ! — le Sherry — Ô mon œil, mon œil ! — pour votre rafraîchissement.

Ce n'est que dans l'île des Braves et le pays des Libres (par quoi bien sûr j'entends Britannia) que le rafraîchissement est si efficace, si « oléagineux , si constitutionnel, comme un contrôle sur le public. Il y avait un étranger qui, après avoir poliment enlevé son chapeau, implorait nos demoiselles et Notre Missis de « un leetel gloss hoff » prarndee », et avoir fait examiner la ligne à travers lui par tous et sans autre reconnaissance, c'était une démarche enfin pour s'aider lui-même, comme cela semble être la coutume dans son propre pays, lorsque Notre Missis avec ses cheveux arrivait presque sans bandelette. avec rage, et ses yeux omettant des étincelles, se précipita vers lui, lui arracha la carafe des mains et dit : « Posez-la ! Je ne permettrai pas ça ! L'étranger pâlit, recula, les bras tendus devant lui, les mains jointes et les épaules riz , et s'écria : « Ah ! Est-ce possible! Que ces femmes dédaigneuses et cette vieille femme féroce sont placées ici par l'administration, non seulement pour empoisonner les voyageurs, mais pour les insulter ! Grand paradis ! Comment arrive-t-il ? Le peuple anglais. Ou est-il alors un esclave ? Ou idiot ? Une autre fois, un gentilhomme américain, joyeux et éveillé, avait essayé la sciure de bois et l'avait crachée, et avait essayé le Sherry et avait recraché cela, et avait essayé en vain de nourrir sa nature épuisée avec du Butter-Scotch, et avait été plutôt extra Bandolined et Line- parcouru, quand, alors que la cloche sonnait et qu'il payait Notre Missis, il dit, très haut et de bonne humeur : « Je dis à If ce que c'est, madame . Je la'af . Là ! Je la'af . Je rosée . J'aurais dû voir la plupart des choses, car je suis originaire du côté limité de l'océan Atlantique, et j'ai traversé le Limité, traversant Jérusalem et l'Est, et de même la France et l'Italie, l'Europe du Vieux Monde, et je suis maintenant en route vers le principal village européen ; mais une institution telle que Yew, et Yewer jeunes dames, et Yewer le fixin est solide et liquide, avant le glorieux Tarnal que je n'ai encore jamais vu ! Et si je n'ai pas trouvé la huitième merveille de la création monarchique, en trouvant Yew, et Yewer demoiselles, et Yewer Fixin's solide et liquide, le tout comme ci-dessus, établi dans un pays où les gens ne diffusent pas de Loona- ticks absolus , je suis Extra Double Darned avec un Nip et un Frizzle jusqu'au plus profond ! Wheerfur — Theer !— Je la'af ! Je rosée , madame . Je la'af ! Et ainsi il marcha, piétinant et secouant ses côtés, le long de la plate-forme jusqu'à son propre compartiment.

Je pense que c'est elle qui s'est levée contre l'Étranger, pour donner à Notre Missis l'idée de passer en France, et qui a fait une comparaison entre Rafraîchissant , tel qu'il était suivi chez les mangeurs de grenouilles, et Rafraîchissant , triomphant dans l'île des Braves et de la Terre. dù Libre (par quoi, bien sûr, j'entends encore une fois , Britannia). Nos jeunes dames, Miss Whiff, Miss Piff et Mme Sniff, étaient unanimement opposées à son départ ; car, comme ils le disent à Nos Missis, il est bien connu des habitants du monde qu'aucune autre nation, à l'exception de la Grande-Bretagne, n'a une idée de quoi que ce soit , mais surtout des affaires. Pourquoi alors vous fatigueriez-vous à prouver ce qui est déjà prouvé ? Notre Missis cependant (étant un taquin à toutes les pintes) se montra sombre et obstinée et obtint un laissez-passer de retour par South-Eastern Tidal, pour passer directement, si telles étaient ses dispositions, à Marseille.

Sniff est le mari de Mme Sniff et est une crique régulièrement insignifiante. Il regarde le rayon sciure dans une arrière-boutique, et parfois, lorsque nous en avons beaucoup à faire, il passe derrière le comptoir avec un tire-bouchon ; mais jamais quand on peut y remédier, son attitude envers le public étant dégoûtante et servile. Comment Mme Sniff a-t-elle pu s'abaisser jusqu'à l'épouser, je ne le sais pas ; mais je suppose que *c'est* le cas, et je pense qu'il aurait souhaité ne pas le faire, car il mène une vie horrible. Mme Sniff ne pourrait pas être beaucoup plus dure avec lui s'il était public. De même, Miss Whiff et Miss Piff ; prenant le ton de Mme Sniff, ils épaulent Sniff quand on le laisse entrer avec un tire-bouchon, et ils lui arrachent des choses des mains quand, dans sa servilité, il va les laisser au public , et ils l'attrapent. quand, dans la bassesse rampante de son esprit, il va répondre à une question publique, et on lui fait couler plus de larmes dans les yeux que ne le fait jamais la moutarde qu'il dépose tout le jour sur la sciure. (Mais ce n'est pas fort.) Un jour, alors que Sniff a eu la répugnance de tendre la main pour obtenir le pot à lait pour le remettre à un bébé, je vois Notre Missis, dans sa rage, l'attraper par les deux épaules et le faire tourner vers lui. la salle de bandolinage .

Mais Mme Sniff. Comme c'est différent ! C'est la bonne! C'est elle qui, comme vous le remarquerez, regarde toujours ailleurs que vous, lorsque vous la regardez. C'est elle qui a la petite taille serrée sur le devant et les manchettes en dentelle aux poignets, qu'elle met sur le bord du comptoir devant elle, et qui se tient debout pendant que le public écume. Lisser les poignets et regarder ailleurs tandis que le public écume, est le dernier accomplissement enseigné aux jeunes dames venues à Mugby pour être achevées par Notre Missis ; et c'est toujours enseigné par Mme Sniff.

Lorsque Notre Missis est partie en voyage, Mme Sniff a été laissée aux commandes. Elle a bien tenu le public en échec ! De tout mon temps, je n'ai jamais vu moitié moins de tasses de thé données sans lait aux gens qu'ils le voulaient, ni moitié moins de tasses de thé avec du lait données aux gens qu'ils en voulaient sans. Lorsque l'écume s'ensuivait, Mme Sniff disait : « Alors vous feriez mieux de régler cela entre vous et de changer les uns avec les autres. » C'était une alouette des plus délicieuses. J'ai apprécié le secteur des rafraîchissements plus que jamais et j'étais si heureux de m'y être lancé quand j'étais jeune.

Notre Missis est revenue. On circulait parmi les jeunes dames, et il me semblait que, par les crevasses de la salle de bandolining , j'avais l'impression qu'elle avait des Orrors à révéler, si des révélations aussi méprisables pouvaient porter ce nom. L'agitation s'éveille . L'excitation était montée dans les étriers. L'attente était sur la pointe des pieds. Enfin, il fut avancé que lors de notre soirée la plus creuse de la semaine, et à notre heure la plus creuse de cette soirée entre les trains, notre Missis donnerait ses vues sur les rafraîchissements étrangers , dans la salle de bandolining .

Il a été aménagé avec goût à cet effet. La table Bandolining et le verre étaient cachés dans un coin, un fauteuil était élevé sur une caisse d'emballage pour l'expédition de Notre Missis , une table et un verre d'eau (pas de xérès dedans, merci) étaient placés à côté. Deux des élèves, la saison étant l'automne, et les roses trémières et les daliahs étant de la partie, ornèrent le mur de trois symboles ornés de ces fleurs. On pourrait lire sur l'un d'eux : « QU'ALBION N'APPRENNE JAMAIS ; » sur un autre, « KEEP THE PUBLIC DOWN » ; sur un autre, « NOTRE CHARTE RAFRAÎCHISSANTE ». L'ensemble avait une belle apparence à laquelle correspondait la beauté des sentiments.

Sur le front de Notre Missis était écrit Sévérité, alors qu'elle montait sur la plate-forme fatale. (Ce n'était pas vraiment nouveau.) Miss Whiff et Miss Piff étaient assises à ses pieds. Trois chaises de la salle d'attente auraient pu être aperçues par un œil moyen, devant elle, sur lesquelles étaient logés les élèves. Derrière eux, un observateur très attentif aurait pu discerner un garçon. Moi-même.

"Où est Sniff," dit Notre Missis en regardant autour d'elle d'un air sombre ?

"J'ai pensé qu'il valait mieux," répondit Mme Sniff, "qu'il ne soit pas autorisé à entrer. C'est un tel âne."

« Sans aucun doute », acquiesça Notre Missis. "Mais pour cette raison, n'est-il pas souhaitable d'améliorer son esprit ?"

« Ô ! Rien ne pourra jamais *l' améliorer* », a déclaré Mme Sniff.

"Cependant", poursuivit Notre Missis, "appelez-le, Ezéchiel."

Je l'appelai. L'apparition de ce pauvre crique fut saluée de toutes parts avec désapprobation, parce qu'il avait emporté son tire-bouchon avec lui. Il a plaidé « la force de l'habitude ».

"La force!" dit Mme Sniff. « Ne nous laissez pas parler de force, pour l'amour de Dieu. Là! Restez immobile là où vous êtes, le dos contre le mur.

C'est un poste vacant souriant, et il a souri de la manière mesquine dont il sourira même au public s'il en a l'occasion (la langue ne peut pas dire de méchanceté à son sujet), et il s'est tenu debout près de la porte avec le dos de la tête contre le mur, comme s'il attendait que quelqu'un vienne mesurer sa taille pour l'armée.

« Je n'entrerais pas, mesdames, dit Notre Missis, dans les révélations révoltantes que je m'apprête à faire, si ce n'était dans l'espoir qu'elles vous rendraient encore plus implacables dans l'exercice du pouvoir que vous exercez dans votre pays. un pays constitutionnel, et encore plus dévoué à la devise constitutionnelle que je vois devant moi ; » c'était derrière elle, mais les mots sonnaient mieux ainsi ; « Que Albion n'apprenne jamais ! »

Ici, les élèves qui avaient fait la devise, l'admirèrent et crièrent : « Écoutez ! Entendre! Entendre!" Sniff, montrant une envie de se joindre au chœur, se fit froncer les sourcils de tous les sourcils.

"La bassesse des Français", poursuivit Notre-Dame, "telle qu'elle se manifeste dans la nature complaisante de leurs rafraîchissements , égale, sinon surpasse, tout ce qu'on a jamais entendu dire sur la bassesse du célèbre Bonaparte."

Miss Whiff, Miss Piff et moi, nous avons respiré lourdement, ce qui équivaut à dire : « Nous le pensions !

Miss Whiff et Miss Piff semblant s'opposer à ce que je dronne le mien avec le leur, j'en ai bavé un autre, pour les aggraver .

« Est-ce qu'on me croira, » dit Notre Missis avec des yeux brillants, « quand je vous dirai qu'à peine ai-je posé le pied sur ce rivage traître... »

Ici, Sniff, soit en train de devenir fou, soit en réfléchissant à voix haute, dit à voix basse : « Pieds. Au pluriel, tu sais.

Le recroquevillement qui s'est abattu sur lui lorsqu'il a été rejeté par tous les regards, ajouté au fait qu'il était sous le mépris, était une punition suffisante pour une crique aussi rampante . Au milieu d'un silence rendu plus impressionnant par les nez féminins retroussés qui l'emplissaient, Notre Missis continua :

« Sera-je cru quand je vous dirai qu'à peine ai-je débarqué, » ce mot avec un regard meurtrier à Sniff, « sur ce rivage traître, que j'ai été introduit dans une buvette où se trouvaient, je n'exagère pas, en fait des choses mangeables à manger ?

Un gémissement éclata des dames. Je me suis non seulement fait l' honneur de jining , mais aussi de l'allonger.

« Où y avait-il, ajouta Notre Missis, non seulement des choses comestibles à manger, mais aussi des choses buvables à boire ?

Un murmure, qui se transforme presque en cri, Arizona. Miss Piff , tremblante d'indignation, cria : « Nom !

"Je *vais* nommer", a déclaré Notre Missis. « Il y avait des volailles rôties, chaudes et froides ; il y avait du rôti de veau fumant entouré de pommes de terre rissolées ; il y avait de la soupe chaude sans (encore une fois, je demande si je serai crédité ?) rien d'amer dedans, et pas de farine pour étouffer le consommateur ; il y avait une variété de plats froids agrémentés de gelée ; il y avait de la salade ; il y avait, remarquez- moi !, de la pâtisserie *fraîche* et celle d'une construction légère ; il y eut une délicieuse exposition de fruits. Il y avait des bouteilles et des carafes de petit vin sain, de toutes tailles et adaptées à chaque poche ; la même déclaration odieuse s'appliquera au brandy ; et ceux-ci étaient disposés sur le comptoir afin que chacun puisse se servir.

Les lèvres de notre Missis tremblèrent si fort que Mme Sniff, quoique à peine moins convulsée qu'elle, se leva et leur tendit le gobelet.

« Ceci, poursuit Notre Missis, fut ma première expérience anticonstitutionnelle. Eh bien, cela aurait été le cas si cela avait été mon dernier et mon pire. Mais non. À mesure que j'avançais dans cette terre asservie et ignorante, son aspect devenait plus hideux. Je n'ai pas besoin d'expliquer à cette assemblée les ingrédients et la formation du sangwich British Refreshment ?

Rire universel, sauf celui de Sniff, qui, en tant que coupeur de sangwich , secouait la tête dans un état de plus grand découragement alors qu'il se tenait contre le mur.

"Bien!" dit Notre Missis, les narines dilatées. « Prenez un pain de penny croustillant, long et croustillant, fait de la fleur la plus blanche et la plus belle. Coupez-le dans le sens de la longueur jusqu'au milieu. Insérez une tranche de jambon juste et bien ajustée. Attachez un joli morceau de ruban au milieu de l'ensemble pour le lier ensemble. Ajoutez à une extrémité un emballage soigné de papier blanc propre pour le maintenir. Et le sangwich universel French Refreshment éclate sur votre vision dégoûtée.

Un cri de « Honte ! de tous, sauf Sniff, qui lui frotta le ventre d'une main apaisante.

« Je n'ai pas besoin, » dit Notre Missis, « d'expliquer à cette assemblée la formation et l'aménagement habituels de la salle de rafraîchissement britannique ?

Non, non, et des rires. Renifle à nouveau en secouant la tête, de mauvaise humeur, contre le mur.

"Eh bien," dit Notre Missis, "que diriez-vous d'une décoration générale de tout , des tentures (parfois élégantes), des meubles de velours faciles, de l'abondance de petites tables, de l'abondance de petits sièges, des serveurs vifs et lumineux, de une grande commodité, à une propreté et un goût omniprésents qui s'adressent positivement au public et font que la Bête se pensant en vaut la peine ?

Fureur méprisante de la part de toutes les dames. Mme Sniff avait l'air de vouloir que quelqu'un la tienne dans ses bras, et tout le monde avait l'air de ne pas vouloir la tenir.

« Trois fois, dit notre Missis en se mettant dans un état vraiment terrible , trois fois j'ai vu ces choses honteuses , seulement entre la côte et Paris, et sans compter non plus : à Hazebroucke , à Arras, à Amiens. Mais le pire reste. Dites-moi, comment appelleriez-vous une personne qui proposerait en Angleterre qu'il y ait, disons chez notre propre modèle Mugby Junction, de jolis paniers, contenant chacun un assortiment de déjeuners froids et de desserts pour une personne, chacun à un certain prix fixe, et chacun est-il à la portée d'un passager d'emporter, de vider dans la voiture à loisir et de revenir à une autre gare cinquante ou cent milles plus loin ?

Il y avait un désaccord sur le nom à donner à une telle personne. Qu'il soit révolutionnaire, athée, brillant (*je* lui dit), ou Un-English. Miss Piff a crié en dernier lieu son opinion perçante, en ces termes : « Un maniaque malin !

«J'adopte», dit Notre Missis, «da marque lancée sur une telle personne par la juste indignation de mon amie Miss Piff . Un maniaque malin. Sachez donc que ce maniaque malin est sorti du sol sympathique de la France, et que sa folie maligne était en action incontrôlée pendant cette même partie de mon voyage.

J'ai remarqué que Sniff se frottait les mains et que Mme Sniff l'avait surveillé. Mais je n'y prêtai pas plus attention, à cause de l'état d'excitation dans lequel se trouvaient les jeunes dames et du fait que je me sentais obligé de continuer en hurlant.

« Sur mon expérience au sud de Paris, dit Notre Missis d'un ton grave, je ne m'étendrai pas. La tâche était trop répugnante ! Mais imaginez ça. Imaginez un garde venant, avec le train à toute vitesse, demander combien de personnes pour le dîner. Imaginez qu'il télégraphie en avant, le nombre de convives. Imaginez que tout le monde soit attendu et que la table soit élégamment dressée pour toute la fête. Imaginez un dîner charmant, dans une salle charmante, et le chef cuisinier, soucieux de l' honneur de chaque plat, surveillant dans sa veste et sa casquette blanches et propres. Imaginez la Bête parcourant six cents milles d'affilée, très vite et avec une grande ponctualité, tout en apprenant à s'attendre à ce que tout cela soit fait pour elle !

Un refrain fougueux de « The Beast ! »

J'ai remarqué que Sniff était de nouveau en train de se frotter le ventre avec une main apaisante et qu'il avait bourdonné une jambe. Mais une fois de plus, je n'y prêtai pas particulièrement attention, me considérant comme étant appelé à stimuler l'opinion publique. En plus, c'est une plaisanterie.

«En mettant tout ensemble», a déclaré Notre Missis, « le rafraîchissement français arrive à ceci, et oh, cela aboutit à un joli total! Premièrement : des choses mangeables à manger et des choses buvables à boire.

Un râle des demoiselles, gardé par moi.

"Deuxièmement : la commodité et même l'élégance."

Encore un râle des demoiselles, gardé par moi.

« Troisièmement : des frais modérés. »

Cette fois, un râle de ma part, entretenu par les demoiselles.

« Quatrièmement : et ici, dit Notre Missis, je réclame votre sympathie la plus irritée : attention, politesse commune, voire même politesse !

Moi et les jeunes filles, nous devenons régulièrement fous tous ensemble.

"Et je ne peux pas en conclusion", dit Notre Missis avec son ricanement le plus méchant , "vous donner un tableau plus complet de cette nation méprisable (après ce que j'ai raconté), que de vous assurer qu'elle ne supporterait pas nos voies constitutionnelles et notre noble indépendance. à Mugby Junction, pendant un seul mois, et qu'ils nous tourneraient à droite et mettraient un autre système à notre place, dès qu'ils nous regarderaient ; peut-être plus tôt, car je ne crois pas qu'ils aient le bon goût de nous regarder à deux fois.

Le tumulte grandissant fut arrêté dans sa montée. Sniff, emporté par son caractère servile, avait remonté sa jambe avec un goût de plus en plus grand, et on le découvrait maintenant en train d'agiter son tire-bouchon au-dessus de sa tête. C'est à ce moment que Mme Sniff, qui avait gardé sur lui un œil comme le légendaire obélisque, descendit sur sa victime. Nos Missis les suivirent toutes les deux, et des cris se firent entendre dans le rayon des sciures.

Vous entrez dans la salle de rafraîchissement de Down, au Junction, en faisant croire que vous ne me connaissez pas, et je vous épinglerai avec mon pouce droit sur mon épaule qui est Notre Missis et qui est Miss Whiff ; et qui est Miss Piff ; et qui est Mme Sniff. Mais vous n'aurez pas la chance de voir Sniff, car il a disparu cette nuit-là. S'il a péri ou s'il a été mis en pièces, je ne puis le dire ; mais seul reste son tire-bouchon, pour témoigner de la servilité de son caractère.

LIGNE DE BRANCHE
N °1 LE SIGNAL-MAN

« Salut ! En bas, là-bas ! »

Lorsqu'il entendit une voix qui l'appelait ainsi, il se tenait à la porte de sa loge, un drapeau à la main enroulé autour de son court mât. On eût cru, vu la nature du terrain, qu'il ne pouvait douter d'où venait la voix ; mais, au lieu de lever les yeux vers l'endroit où je me tenais au sommet de la pente abrupte, presque au-dessus de sa tête, il se retourna et regarda la ligne. Il y avait quelque chose de remarquable dans sa manière de le faire, même si je n'aurais pas pu dire, de ma vie, quoi. Mais je sais que c'était suffisamment remarquable pour attirer mon attention, même si sa silhouette était raccourcie et ombragée, au fond de la tranchée profonde, et la mienne était bien au-dessus de lui, si baignée dans la lueur d'un coucher de soleil en colère que j'avais ombragé mes yeux. avec ma main avant de le voir.

« Salut ! Ci-dessous!"

Après avoir regardé la ligne, il se retourna de nouveau et, levant les yeux, vit ma silhouette bien au-dessus de lui.

« Y a-t-il un chemin par lequel je peux descendre et vous parler ? »

Il m'a regardé sans répondre, et je l'ai regardé sans le presser trop tôt en répétant ma vaine question. À ce moment-là, il y eut une vague vibration dans la terre et dans l'air, se transformant rapidement en une violente pulsation, et une précipitation imminente qui me fit reculer, comme si elle avait la force de m'attirer vers le bas. Lorsque la vapeur qui s'élevait à ma hauteur de ce train rapide m'avait dépassé et effleurait le paysage, je baissai de nouveau les yeux et le vis reenrouler le drapeau qu'il avait montré pendant le passage du train.

J'ai réitéré ma demande. Après une pause, pendant laquelle il parut me regarder avec une attention fixe, il se dirigea avec son drapeau enroulé vers un point à mon niveau, distant de deux ou trois cents mètres. Je l'ai appelé : « Très bien ! et fait pour ce point. Là, à force de regarder de près autour de moi, je trouvai un sentier descendant en zigzag et entaillé : que je suivis.

La coupure était extrêmement profonde et inhabituellement précipitée. Il a été fabriqué à partir d'une pierre moite qui devenait de plus en plus suintante et humide à mesure que je descendais. Pour ces raisons, je trouvai le chemin assez long pour me donner le temps de me rappeler l'air singulier de réticence ou de contrainte avec lequel il m'avait indiqué le chemin.

Lorsque je descendis assez bas dans la descente en zigzag pour le revoir, je vis qu'il se tenait entre les rails sur le chemin par lequel le train venait de passer, dans une attitude comme s'il attendait que j'apparaisse. . Il avait la main gauche sur le menton et le coude gauche posé sur la main droite croisée sur la poitrine. Son attitude était d'une telle attente et d'une telle vigilance que je m'arrêtai un instant, m'étonnant.

Je repris ma route vers le bas et, sortant au niveau de la voie ferrée et m'approchant de lui, je vis que c'était un homme de couleur jaunâtre, avec une barbe brune et des sourcils plutôt épais. Son poste se trouvait dans un endroit aussi solitaire et lugubre que j'ai jamais vu. De chaque côté, un mur de pierre déchiqueté, dégoulinant d'eau, n'excluant toute vue qu'une bande de ciel ; la perspective à sens unique, seulement un prolongement tortueux de ce grand donjon ; la perspective plus courte dans l'autre sens, se terminant par une lumière rouge sombre, et l'entrée plus sombre d'un tunnel noir, dans l'architecture massive duquel il y avait un air barbare, déprimant et rébarbatif. Si peu de soleil parvenait jamais à cet endroit, qu'il dégageait une odeur terreuse et mortelle ; et un vent si froid s'y précipita que cela me fit froid dans le dos, comme si j'avais quitté le monde naturel.

Avant qu'il ne bouge, j'étais suffisamment près de lui pour le toucher. Sans même quitter les miens des yeux, il recula d'un pas et leva la main.

C'était un poste solitaire à occuper (disai-je), et il avait retenu mon attention lorsque je regardais de là-haut. Un visiteur était rare, je suppose ; ce n'est pas une rareté fâcheuse, j'espérais ? En moi, il ne voyait qu'un homme qui avait été enfermé toute sa vie dans des limites étroites et qui, enfin libéré, avait un intérêt éveillé pour ces grandes œuvres. C'est dans ce but que je lui ai parlé ; mais je suis loin d'être sûr des termes que j'ai employés, car, outre que je n'aime pas engager une conversation, il y avait chez cet homme quelque chose qui me intimidait.

Il a jeté un regard très curieux vers la lumière rouge près de l'entrée du tunnel, et a regardé tout autour, comme s'il manquait quelque chose, puis m'a regardé.

Cette lumière faisait partie de sa charge ? N'était-ce pas ?

Il répondit à voix basse : « Vous ne savez pas que c'est le cas ?

La pensée monstrueuse m'est venue à l'esprit, alors que je parcourais les yeux fixes et le visage maussade, que c'était un esprit, pas un homme. Depuis, j'ai spéculé sur la possibilité d'une infection dans son esprit.

A mon tour, je reculai. Mais en agissant ainsi, j'ai détecté dans ses yeux une peur latente à mon égard. Cela fit fuir la pensée monstrueuse.

"Tu me regardes", dis-je en me forçant à sourire, "comme si tu avais peur de moi."

« Je doutais, répondit-il, de vous avoir déjà vu. »

"Où?"

Il montra le feu rouge qu'il avait regardé.

"Là?" J'ai dit .

Intensément attentif à moi, il a répondu (mais sans son) : « Oui ».

« Mon bon ami, que dois-je faire là-bas ? Quoi qu'il en soit, je n'y ai jamais été, vous pouvez le jurer.

"Je pense que je peux le faire", a-t-il répondu. "Oui. Je suis sûr que je peux.

Son attitude était claire, comme la mienne. Il a répondu à mes remarques avec empressement et avec des mots bien choisis. Avait-il beaucoup à faire là-bas ? Oui; c'est-à-dire qu'il avait assez de responsabilités à porter ; mais l'exactitude et la vigilance étaient ce qu'on exigeait de lui, et du travail réel – du travail manuel – il n'en avait presque pas. Changer ce signal, régler ces lumières et tourner cette poignée de fer de temps en temps, c'était tout ce qu'il avait à faire sous cette tête. Concernant ces nombreuses heures longues et solitaires dont je semblais consacrer tant, il pouvait seulement dire que la routine de sa vie s'était formée dans cette forme et qu'il s'y était habitué. Il avait appris lui-même une langue ici-bas – ne serait-ce que la connaître de vue et s'être fait ses propres idées grossières sur sa prononciation pouvait être appelé l'apprendre. Il avait également travaillé sur les fractions et les nombres décimaux et s'était essayé un peu à l'algèbre ; mais il était, et avait été enfant, peu doué en chiffres. Était-il nécessaire, lorsqu'il était en service, de toujours rester dans ce canal d'air humide, et ne pourrait-il jamais se lever au soleil entre ces hauts murs de pierre ? Eh bien, cela dépendait des temps et des circonstances. Dans certaines conditions, il y en aurait moins sur la ligne que dans d'autres, et il en serait de même à certaines heures du jour et de la nuit. Par beau temps, il choisissait des occasions pour s'élever un peu au-dessus de ces ombres inférieures ; mais, étant à tout moment susceptible d'être appelé par sa cloche électrique, et à ces moments-là l'écoutant avec une anxiété redoublée, le soulagement était moindre que je ne le supposerais.

Il m'emmena dans sa loge, où il y avait un feu, un pupitre pour un livre officiel dans lequel il devait faire certaines inscriptions, un instrument télégraphique avec son cadran et ses aiguilles, et la petite cloche dont il avait parlé. Espérant qu'il excuserait la remarque selon laquelle il avait été bien instruit, et (j'espérais pouvoir le dire sans offense), peut-être au-dessus de ce rang, il observa que les exemples de légère incongruité en ce sens manqueraient rarement parmi les gens. de grands corps d'hommes; qu'il avait entendu dire qu'il en était ainsi dans les ateliers, dans la police, même dans cette dernière ressource désespérée qu'est l'armée ; et qu'il savait qu'il en était ainsi, plus ou moins, dans tout grand personnel ferroviaire. Il avait été, lorsqu'il était jeune (si je pouvais le croire, assis dans cette cabane ; il le pouvait à peine), étudiant en philosophie naturelle et avait suivi des cours ; mais il s'était déchaîné, avait abusé de ses opportunités, était tombé et ne s'était jamais relevé. Il n'avait aucune plainte à formuler à ce sujet. Il avait fait son lit et il s'y coucha. Il était bien trop tard pour en faire un autre.

Tout ce que j'ai ici condensé, dit-il d'une manière calme, avec ses regards sombres et graves partagés entre moi et le feu. Il lançait le mot « Monsieur » de temps en temps, et surtout lorsqu'il faisait référence à sa jeunesse : comme pour me faire comprendre qu'il prétendait n'être que ce que je l'avais trouvé. Il fut plusieurs fois interrompu par la petite cloche, et dut lire des messages et envoyer des réponses. Une fois, il a dû se tenir sans la porte, déployer un drapeau au passage d'un train et communiquer verbalement avec le conducteur. Dans l'exercice de ses fonctions, je l'ai observé remarquablement précis et vigilant, interrompant son discours à une syllabe et restant silencieux jusqu'à ce que ce qu'il avait à faire soit fait.

En un mot, j'aurais dû considérer cet homme comme l'un des hommes les plus sûrs à être employés à ce titre, sans le fait que pendant qu'il me parlait, il s'était interrompu deux fois avec une couleur déchue et avait tourné son visage vers l'autre. petite cloche quand elle ne sonnait PAS , ouvrit la porte de la cabane (qui restait fermée pour exclure l'humidité malsaine) et regarda vers le feu rouge près de l'entrée du tunnel. À ces deux occasions, il revenait au feu avec cet air inexplicable que j'avais remarqué, sans pouvoir le définir, lorsque nous étions si éloignés.

Dis-je en me levant pour le quitter : « Vous me faites presque croire que j'ai rencontré un homme content. »

(J'ai bien peur de devoir reconnaître que je l'ai dit pour le guider).

«Je crois que je l'étais autrefois», répondit-il de la voix basse avec laquelle il avait parlé pour la première fois; mais je suis troublé, monsieur, je suis troublé.

Il se serait souvenu de ces mots s'il avait pu. Il les avait pourtant dites et je les repris rapidement.

"Avec quoi? Quel est ton problème ?

«C'est très difficile à transmettre, monsieur. C'est très, très, difficile d'en parler. Si jamais vous me rendez visite, j'essaierai de vous le dire.

« Mais j'ai expressément l'intention de vous faire une autre visite. Dites, quand cela sera-t-il ?

« Je pars tôt le matin et je serai de retour demain soir à dix heures, monsieur.

"Je viendrai à onze heures."

Il m'a remercié et est sorti avec moi. « Je vais montrer ma lumière blanche, monsieur, » dit-il de sa voix basse particulière, « jusqu'à ce que vous ayez trouvé le chemin. Une fois que vous l'avez trouvé, n'appelez pas ! Et quand tu es au sommet, n'appelle pas !

Ses manières semblaient rendre l'endroit plus froid, mais je me contentai de dire : « Très bien ».

« Et quand vous redescendrez demain soir, n'appelez pas ! Permettez-moi de vous poser une question d'adieu. Qu'est-ce qui t'a fait crier ' Haloa ! ' En bas, là-bas ! » ce soir?"

« Dieu le sait, dis-je. J'ai crié quelque chose dans ce sens… »

« Pas dans ce sens, monsieur. C'étaient les mêmes mots. Je les connais bien.

« Admettez que ce sont les mêmes mots. Je les ai dit sans doute parce que je vous ai vu en bas.

"Pour aucune autre raison?"

« Quelle autre raison pourrais-je avoir ! »

"Vous n'aviez pas le sentiment qu'ils vous avaient été transmis d'une manière surnaturelle ?"

"Non."

Il m'a souhaité une bonne nuit et a allumé sa lumière. J'ai marché le long de la ligne de rail descendante (avec une sensation très désagréable d'un train venant derrière moi), jusqu'à trouver le chemin. Il était plus facile de monter que de descendre, et je rentrai à mon auberge sans aucune aventure.

Ponctuel à mon rendez-vous, je posai le pied sur le premier cran du zigzag le lendemain soir, alors que les horloges lointaines sonnaient onze heures. Il m'attendait en bas, avec sa lumière blanche allumée. «Je n'ai pas crié», dis-je lorsque nous nous sommes rapprochés; "Puis-je parler maintenant?" "Bien sûr, monsieur." "Bonne nuit alors, et voici ma main." "Bonne nuit, monsieur, et voici la mienne." Sur ce, nous marchâmes côte à côte jusqu'à sa loge, y entrâmes, fermâmes la porte et nous assîmes près du feu.

« J'ai décidé, monsieur, commença-t-il en se penchant dès que nous fûmes assis et en parlant d'un ton un peu au-dessus du murmure, que vous n'aurez pas à me demander deux fois ce qui me trouble. Je t'ai pris pour quelqu'un d' autre hier soir. Cela me trouble.

"Cette erreur?"

"Non. C'est quelqu'un d' autre.

"Qui est-ce?"

"Je ne sais pas."

"Comme moi?"

"Je ne sais pas. Je n'ai jamais vu le visage. Le bras gauche est en travers du visage et le bras droit est agité. Violemment agité. Par ici."

J'ai suivi son action des yeux, et c'était l'action d'un bras qui gesticulait avec la plus grande passion et la plus grande véhémence : « Pour l'amour de Dieu, dégagez le chemin !

« Par une nuit au clair de lune », dit l'homme, « j'étais assis ici, quand j'ai entendu une voix crier : « Halloa ! En bas, là-bas ! » J'ai démarré, j'ai regardé depuis cette porte et j'ai vu quelqu'un d' autre debout près du feu rouge près du tunnel, faisant signe comme je viens de vous le montrer. La voix semblait rauque à cause des cris, et elle criait : « Attention ! Attention!' Et puis encore « Halloa ! Là-bas ! Attention!' J'ai attrapé ma lampe, je l'ai allumée en rouge et j'ai couru vers la silhouette en criant : « Qu'est-ce qui ne va pas ? Que s'est-il passé? Où?' Il se trouvait juste à l'extérieur de l'obscurité du tunnel. Je m'approchai si près de lui que je m'étonnai qu'il garde la manche devant ses yeux. J'ai couru dessus et j'ai tendu la main pour retirer la manche, quand elle a disparu.

"Dans le tunnel", dis-je.

"Non. J'ai couru plus loin, dans le tunnel, sur cinq cents mètres. Je me suis arrêté et j'ai tenu ma lampe au-dessus de ma tête, et j'ai vu les chiffres de la distance mesurée, et j'ai vu les taches humides glisser le long des murs et couler à travers l'arche. Je suis ressorti en courant, plus vite que je n'étais entré (car j'avais sur moi une horreur mortelle pour cet endroit), et j'ai regardé tout autour du feu rouge avec mon propre feu rouge, et j'ai gravi l'échelle de fer jusqu'à la galerie au sommet. et je suis redescendu et j'ai couru ici. J'ai télégraphié dans les deux sens : « Une alarme a été donnée. Y a-t-il quelque chose qui ne va pas?' La réponse est revenue, dans les deux sens : 'Tout va bien.'

Résistant au contact lent d'un doigt gelé traçant ma colonne vertébrale, je lui ai montré comment cette figure devait être une tromperie de son sens de la vue, et comment cette figure, provenant d'une maladie des nerfs délicats qui assurent les fonctions de l'œil. , étaient connus pour avoir souvent troublé des malades, dont certains avaient pris conscience de la nature de leur affliction et l'avaient même prouvé par des expériences sur eux-mêmes. « Quant à un cri imaginaire, dis-je, écoutez un instant le vent dans cette vallée contre nature pendant que nous parlons si bas, et la harpe sauvage qu'il fait avec les fils télégraphiques !

C'était très bien, revint-il, après que nous ayons écouté pendant un moment, et il devrait connaître un peu le vent et les fils, lui qui passait si souvent là de longues nuits d'hiver, seul et à regarder. Mais il ne manquerait pas de remarquer qu'il n'avait pas fini.

Je lui demandai pardon, et il ajouta lentement ces mots en me touchant le bras :

"Dans les six heures qui ont suivi la comparution, l'accident mémorable sur cette ligne s'est produit et, dans les dix heures, les morts et les blessés ont été amenés à travers le tunnel au-dessus de l'endroit où se tenait le personnage."

Un frisson désagréable m'envahit, mais je fis de mon mieux pour le contenir. Il ne fallait pas nier, répliquai-je, qu'il s'agissait là d'une coïncidence remarquable, propre à impressionner profondément son esprit. Mais il est incontestable que des coïncidences remarquables se produisent continuellement, et il faut en tenir compte lorsqu'on aborde un tel sujet. Bien que, pour être sûr, je devais l'admettre, ajoutai-je (car je pensais voir qu'il allait m'opposer l'objection), les hommes de bon sens ne permettaient pas beaucoup de coïncidences dans leurs calculs ordinaires de la vie.

Il me pria de nouveau de faire remarquer qu'il n'avait pas fini.

Je lui ai de nouveau demandé pardon d'avoir été trahi par des interruptions.

« Cela, dit-il en posant de nouveau la main sur mon bras et en jetant un coup d'œil par-dessus son épaule avec des yeux creux, c'était il y a à peine un an. Six ou sept mois se sont écoulés, et j'étais remis de la surprise et du choc, lorsqu'un matin, alors que le jour se levait, moi, debout à cette porte, j'ai regardé vers le feu rouge et j'ai revu le spectre . Il s'arrêta, me regardant fixement.

"Est-ce qu'il a crié?"

"Non. C'était silencieux.

"Est-ce qu'il a agité son bras?"

"Non. Il s'appuyait contre le rayon de lumière, les deux mains devant le visage. Comme ça."

Une fois de plus, j'ai suivi son action des yeux. C'était une action de deuil. J'ai vu une telle attitude dans les figures de pierre des tombes.

"Es-tu allé jusqu'à lui ?"

«Je suis entré et je me suis assis, en partie pour rassembler mes pensées, en partie parce que cela m'avait fait perdre connaissance. Quand je suis retourné vers la porte, la lumière du jour était au-dessus de moi et le fantôme avait disparu.

« Mais rien n'a suivi ? Il n'en est rien sorti ?

Il m'a touché le bras avec son index deux ou trois fois, en hochant à chaque fois un horrible signe de tête :

« Ce jour-là même, alors qu'un train sortait du tunnel, j'ai remarqué, à la fenêtre d'un wagon de mon côté, ce qui ressemblait à une confusion de mains et de têtes, et quelque chose s'agitait. Je l'ai vu, juste à temps pour faire signe au conducteur : Stop ! Il s'est arrêté et a serré les freins, mais le train a dérivé ici sur cent cinquante mètres ou plus. J'ai couru après et, à mesure que j'avançais, j'ai entendu des cris et des cris terribles. Une belle jeune femme était morte instantanément dans l'un des compartiments, elle a été amenée ici et déposée à cet étage entre nous.

Involontairement, j'ai repoussé ma chaise, alors que je regardais les planches qu'il montrait, vers moi-même.

« C'est vrai, monsieur. Vrai. C'est exactement comme cela s'est produit, alors je vous le raconte.

Je ne trouvais rien à dire, quoi que ce soit, et ma bouche était très sèche. Le vent et les fils reprennent l'histoire avec un long gémissement lamentable.

Il reprit. « Maintenant, monsieur, notez ceci et jugez à quel point mon esprit est troublé. Le spectre est revenu, il y a une semaine. Depuis, il est là, de temps en temps, par à-coups.

"A la lumière?"

"Au feu de danger."

"Qu'est-ce que ça semble faire?"

Il répéta, si possible avec une passion et une véhémence accrues, cette gesticulation précédente : « Pour l'amour de Dieu, dégagez la voie !

Puis il a continué. « Je n'ai ni paix ni repos pour cela. Il m'appelle, pendant de nombreuses minutes, d'une manière angoissée : « En bas, là-bas ! Attention! Attention!' Il me fait signe. Ça sonne à ma petite cloche… »

J'ai compris ça. « Est-ce que ça vous a sonné hier soir quand j'étais ici et que vous êtes allé à la porte ?

"Deux fois."

« Eh bien, voyez, dis-je, comme votre imagination vous induit en erreur. Mes yeux étaient rivés sur la cloche et mes oreilles étaient ouvertes sur la cloche, et si je suis un homme vivant, elle ne sonnait PAS à ces heures-là. Non, ni à aucun autre moment, sauf lorsqu'il était sonné au cours du cours naturel des choses physiques par la station communiquant avec vous.

Il secoua la tête. « Je n'ai encore jamais commis d'erreur à ce sujet, monsieur. Je n'ai jamais confondu la bague du spectre avec celle de l'homme . La sonnerie du fantôme est une vibration étrange dans la cloche qui ne dérive de rien d'autre, et je n'ai pas affirmé que la cloche remue à l'œil. Je ne suis pas étonnant que vous ne l'ayez pas entendu. Mais *je* l'ai entendu.

"Et est-ce que le spectre semblait être là, quand vous regardiez dehors ?"

"C'était LÀ ."

"Les deux fois?"

Il répéta fermement : « Les deux fois ».

« Veux-tu venir à la porte avec moi et le chercher maintenant ?

Il se mordit la lèvre inférieure comme s'il n'était pas disposé à le faire, mais il se leva. J'ai ouvert la porte et je me suis tenu sur la marche, tandis qu'il se tenait dans l'embrasure de la porte. Là se trouvait le feu de danger. Là se trouvait la lugubre embouchure du tunnel. Là se trouvaient les hauts murs de pierre humides de la taille. Là, il y avait les étoiles au-dessus d'eux.

"Est-ce que tu le vois?" Lui ai-je demandé, en prenant particulièrement note de son visage. Ses yeux étaient proéminents et tendus ; mais pas beaucoup plus, peut-être, que le mien ne l'avait été lorsque je les avais sérieusement dirigés vers le même endroit.

«Non», répondit-il. "Ce n'est pas là."

"D'accord", dis-je.

Nous sommes rentrés, avons fermé la porte et avons repris nos places. Je réfléchissais à la meilleure façon d'améliorer cet avantage, si l'on peut l'appeler ainsi, lorsqu'il reprit la conversation d'une manière si évidente, supposant ainsi qu'il ne pouvait y avoir aucune question de fait sérieuse entre nous, que je me sentis placé dans les positions les plus faibles.

« À ce moment-là, vous comprendrez parfaitement, monsieur, dit-il, que ce qui me trouble si terriblement, c'est la question : que signifie le spectre ?

Je n'étais pas sûr, lui ai-je dit, d'avoir bien compris.

« Contre quoi est-il mis en garde ? dit-il en ruminant, les yeux rivés sur le feu, et seulement de temps à autre en les tournant vers moi. « Quel est le danger ? Où est le danger ? Un danger plane quelque part sur la Ligne. Une terrible calamité va se produire. Il ne faut pas douter de cette troisième fois, après ce qui précède. Mais c'est sûrement une hantise cruelle pour *moi* . Que puis-*je* faire!"

Il sortit son mouchoir et essuya les gouttes de son front brûlant.

« Si je télégraphie Danger, d'un côté ou de l'autre de moi, ou des deux, je ne peux en donner aucune raison, poursuivit-il en s'essuyant la paume des mains. « Je devrais avoir des ennuis et ne rien faire de bon. Ils penseraient que j'étais fou. Voici comment cela fonctionnerait : – Message : « Danger ! » Prends soin de toi!' Réponse : « Quel danger ? Où?' Message : « Je ne sais pas. Mais pour l'amour de Dieu, faites attention ! Ils me déplaceraient. Que pourraient-ils faire d'autre ?

Sa douleur mentale était des plus pitoyables à voir. C'était la torture mentale d'un homme consciencieux, opprimé au-delà de toute endurance par une inintelligible responsabilité impliquant la vie.

« Quand il s'est trouvé pour la première fois sous la lumière du danger, » continua-t-il en rejetant ses cheveux noirs de sa tête et en passant ses mains vers l'extérieur sur ses tempes dans une extrême détresse fiévreuse, « pourquoi ne pas me dire où cet accident s'est produit ? devait arriver – si cela devait arriver ? Pourquoi ne pas me dire comment cela aurait pu être évité – si cela avait pu être évité ? Quand à sa seconde venue il a caché son visage, pourquoi ne pas me dire plutôt : « Elle va mourir. Les laisser la garder à la maison ? S'il est venu, à ces deux occasions, uniquement pour me montrer que ses avertissements étaient vrais, et ainsi me préparer au troisième, pourquoi ne pas m'avertir clairement maintenant ? Et moi, Seigneur, aide - moi ! Un pauvre signaleur sur cette station solitaire ! Pourquoi ne pas s'adresser à quelqu'un qui a du crédit pour être cru et qui a le pouvoir d'agir ! »

Quand je l'ai vu dans cet état, j'ai vu que, pour le bien du pauvre homme, ainsi que pour la sécurité publique, ce que je devais faire pour le moment était de calmer son esprit. C'est pourquoi, mettant de côté toute question de réalité ou d'irréalité entre nous, je lui représentai que quiconque s'acquittait pleinement de son devoir devait bien faire, et qu'au moins c'était sa consolation de savoir qu'il comprenait son devoir, bien qu'il ne comprenne pas ces apparences déconcertantes. . Dans cet effort, j'ai bien mieux réussi que dans ma tentative de le faire sortir de ses convictions. Il est devenu calme ; Les occupations accessoires à son poste, à mesure que la nuit avançait, commencèrent à exiger de plus en plus son attention ; et je l'ai quitté à deux heures du matin. J'avais proposé de rester toute la nuit, mais il n'a pas voulu en entendre parler.

Que j'ai regardé plus d'une fois le feu rouge en montant le sentier, que je n'aimais pas le feu rouge et que j'aurais mal dormi si mon lit avait été dessous, je ne vois aucune raison de le cacher. Je n'ai pas non plus aimé les deux séquences de l'accident et de la fille morte. Je ne vois aucune raison de le cacher non plus.

Mais ce qui me préoccupait le plus était la question de savoir comment devrais-je agir, étant devenu le destinataire de cette divulgation ? J'avais prouvé que cet homme était intelligent, vigilant, minutieux et précis ; mais combien de temps pourrait-il le rester, dans son état d'esprit ? Bien que dans une position subalterne, il détenait néanmoins une confiance des plus importantes, et aimerais-je (par exemple) risquer ma propre vie sur les chances qu'il continue à l'exécuter avec précision ?

Incapable de surmonter le sentiment qu'il y aurait quelque chose de traître à ce que je communique ce qu'il m'avait dit à ses supérieurs de la Compagnie, sans d'abord être clair avec lui-même et lui proposer une voie médiane, je résolus finalement de lui proposer de l'accompagner. sinon, gardant son secret pour le moment) au médecin le plus sage dont nous puissions entendre parler dans ces régions, et prendre son avis. Un changement dans son heure de service interviendrait la nuit suivante, m'avait-il prévenu, et il serait en congé une heure ou deux après le lever du soleil, et de nouveau peu après le coucher du soleil. J'avais décidé de revenir en conséquence.

Le lendemain soir, c'était une belle soirée et je suis sorti tôt pour en profiter. Le soleil n'était pas encore tout à fait couché lorsque je traversai le chemin du champ près du sommet de la profonde tranchée. Je prolongerais ma promenade d'une heure, me disais-je, une demi-heure en aller et une demi-heure en arrière, et il serait alors temps d'aller à la cabine de mon signaleur.

Avant de poursuivre ma promenade, je m'approchai du bord et baissa machinalement les yeux, du point d'où je l'avais vu pour la première fois. Je ne peux pas décrire le frisson qui m'a saisi lorsque, tout près de l'entrée du tunnel, j'ai vu apparaître un homme, la manche gauche sur les yeux, agitant passionnément son bras droit.

L'horreur sans nom qui m'oppressait passa en un instant, car en un instant je vis que cette apparence d'homme était bel et bien un homme, et qu'il y avait un petit groupe d'autres hommes debout à une courte distance, à qui il semblait je suis en train de répéter le geste qu'il a fait. Le feu de danger n'était pas encore allumé. Contre son puits, une petite cabane basse, entièrement nouvelle pour moi, avait été construite avec des supports en bois et une bâche. Il ne semblait pas plus grand qu'un lit.

Avec le sentiment irrésistible que quelque chose n'allait pas — avec une peur fulgurante d'auto-reproche qu'un préjudice fatal était survenu en laissant l'homme là, et en n'empêchant personne d'être envoyé pour ignorer ou corriger ce qu'il avait fait — j'ai descendu le chemin cranté avec tous la vitesse que je pouvais faire.

"Quel est le problème?" J'ai demandé aux hommes.

"Le signaleur a été tué ce matin, monsieur."

"Pas l'homme appartenant à cette boîte?"

"Oui Monsieur."

"Ce n'est pas l'homme que je connais?"

« Vous le reconnaîtrez , monsieur, si vous le connaissiez, » dit l'homme qui parlait au nom des autres, découvrant solennellement sa tête et soulevant un bout de la bâche, « car son visage est tout à fait calme.

« Ô ! comment est-ce arrivé, comment est-ce arrivé ? Ai-je demandé en me tournant de l'un à l'autre alors que la cabane se refermait.

« Il a été abattu par un moteur, monsieur. Aucun homme en Angleterre ne connaissait mieux son travail. Mais d'une manière ou d'une autre, il n'était pas à l'écart du rail extérieur. C'était justement le grand jour. Il avait allumé la lumière et avait la lampe à la main. Lorsque le moteur est sorti du tunnel, il lui tournait le dos et elle l'a abattu. Cet homme la conduisait et lui montrait comment cela s'était passé. Montrez-le à monsieur, Tom.

L'homme, qui portait une robe sombre et rugueuse, retourna à son ancienne place à l'entrée du tunnel :

« En contournant le virage du tunnel, monsieur, dit-il, je l'ai vu au bout, comme si je le voyais à travers une lunette. Il n'avait pas le temps de vérifier sa vitesse et je savais qu'il était très prudent. Comme il ne semblait pas faire attention au sifflet, je l'ai éteint lorsque nous lui sommes tombés dessus et je l'ai appelé aussi fort que je pouvais.

"Qu'est-ce que vous avez dit?"

« J'ai dit : En bas, là- bas ! Attention! Attention! Pour l'amour de Dieu, dégagez la voie !

J'ai commencé.

« Ah ! c'était une période épouvantable, monsieur. Je n'ai jamais cessé de l'appeler. J'ai mis ce bras devant mes yeux, pour ne pas voir, et j'ai agité ce bras jusqu'au bout ; Mais c'était inutile."

Sans prolonger le récit pour m'attarder sur l'une de ses curieuses circonstances plus que sur toute autre, je puis, pour le terminer, souligner la coïncidence si l'avertissement du conducteur de la machine comprenait, non seulement les paroles que le malheureux signaleur avait prononcées. m'avait répété comme le hantant, mais aussi les mots que moi-même — et non lui — avions attachés, et cela seulement dans mon esprit, à la gesticulation qu'il avait imitée.

LIGNE DE BRANCHE
N°2 LE MOTEUR-CONDUCTEUR

"Tout à fait? Bien. Au total, depuis 1841, j'ai tué sept hommes et garçons. Il n'y en a pas beaucoup depuis toutes ces années.

Ces paroles surprenantes, il les prononça d'un ton sérieux, appuyé contre le mur de la gare. C'était un homme trapu, au visage vermeil, avec des yeux noirs comme du charbon, dont le blanc n'était pas blanc, mais d'un jaune brunâtre, et apparemment marqués et cousus, comme s'ils avaient été opérés. C'étaient des yeux qui avaient travaillé dur pour regarder à travers le vent et les intempéries. Il était vêtu d'une courte vareuse noire et d'un pantalon de toile blanche crasseuse , et portait sur la tête une casquette plate noire. Il n'y avait aucun signe de légèreté sur son visage. Son air était sérieux, voire triste, et il y avait dans toute son attitude un air de responsabilité qui m'assurait qu'il parlait sérieusement.

« Oui, monsieur, je suis depuis vingt-cinq ans conducteur de locomotive ; et pendant tout ce temps, je n'ai tué que sept hommes et garçons. Peu de mes amis peuvent en dire autant. La stabilité, monsieur – la stabilité et le fait de garder les yeux ouverts, c'est ce qui fait l'affaire. Quand je parle de sept hommes et garçons, je parle de mes compagnons : chauffeurs, porteurs, etc. Je ne compte pas les passagers.

Comment est-il devenu mécanicien ?

« Mon père, dit-il, était un peu charron et vivait dans une petite maison au bord de la voie ferrée qui relie Leeds à Selby. C'était le deuxième chemin de fer construit dans le royaume, le deuxième après ceux de Liverpool et de Manchester, où M. Huskisson fut tué, comme vous l'avez peut-être entendu, monsieur. Quand les trains passaient à toute vitesse, nous, les jeunes, courions pour les regarder , et hourra. J'ai remarqué le conducteur qui tournait les poignées et le faisait avancer, et je me suis dit que ce serait une bonne chose d'être conducteur de moteur et d'avoir le contrôle d'une merveilleuse machine comme celle-là. Avant le chemin de fer, le conducteur de la malle-poste était l'homme le plus grand que je connaisse. Je pensais que j'aimerais être chauffeur d'autocar. Nous avions une photo dans notre cottage de George III en manteau rouge. J'ai toujours confondu le chauffeur de la malle-poste, qui portait aussi un habit rouge, avec le roi, sauf qu'il portait un chapeau bas à larges bords, ce que le roi n'avait pas. Selon moi, le roi ne pouvait pas être un homme plus grand que le conducteur de la malle postale. J'ai toujours eu envie d'être un chef quelconque. Quand je suis allé une fois à Leeds et que j'ai vu un homme diriger un orchestre, j'ai pensé que j'aimerais être chef d' orchestre . Quand je suis rentré chez moi, je me suis fabriqué un bâton et j'ai parcouru les champs en dirigeant un orchestre. Ce n'était pas là, bien sûr, mais j'ai fait comme si c'était le cas. Une autre fois, un homme avec un fouet et un porte-parole, sur la scène en dehors d'un spectacle, m'a plu, et j'ai pensé que j'aimerais être lui. Mais quand le train est arrivé, le conducteur de locomotive les a tous mis à l'ombre, et j'étais résolu à devenir conducteur de locomotive. Il ne fallut pas longtemps avant que je doive faire quelque chose pour gagner ma vie, même si je n'étais qu'un jeune homme. Mon père est mort subitement – il a été tué par le tonnerre et la foudre alors qu'il se tenait sous un arbre à l'abri de la pluie – et ma mère n'a pas pu nous garder tous. Le lendemain de l'enterrement de mon père, je me suis rendu à pied à la gare et j'ai dit que je voulais devenir conducteur de locomotive. Le chef de gare a ri un peu, a dit que j'étais pour commencer tôt, mais que je n'étais pas encore assez grand. Il m'a donné un sou et m'a dit de rentrer chez moi, de grandir et de revenir dans dix ans. Je ne rêvais alors pas de danger. Si je ne pouvais pas être conducteur de moteur, j'étais déterminé à m'occuper d' un moteur ; ainsi, comme je ne pouvais rien obtenir d'autre, je montai à bord d'un bateau à vapeur Humber et cassai du charbon pour le chauffeur. C'est comme ça que j'ai commencé. À partir de là, je suis devenu chauffeur, d'abord à bord d'un bateau, puis sur une locomotive. Puis, après deux ans de service, je suis devenu chauffeur sur la ligne même qui passait devant notre chalet. Ma mère et mes frères et sœurs sont venus me voir le premier jour où j'ai conduit. Je les surveillais et ils me surveillaient, et ils ont agité leurs mains et ont hué , et je leur ai fait signe de la main. J'avais la vapeur bien montée, j'allais à un rythme effréné, et j'étais rarement fier d'être à ce moment-là. Je n'ai jamais été aussi fier de ma vie !

«Quand un homme aime une chose, c'est comme être intelligent. En très peu de temps, je suis devenu l'un des meilleurs pilotes de la ligne. C'était autorisé. J'en étais fier, voyez-vous, et j'aimais ça. Non, je ne connaissais pas grand chose scientifiquement sur le moteur, comme vous l'appelez ; mais je pouvais la redresser si quelque chose se détraquait, c'est-à-dire si rien n'était cassé, mais je n'aurais pas pu expliquer comment la vapeur fonctionnait à l'intérieur. Démarrer un moteur, c'est comme tirer une goutte de gin. Vous tournez une poignée et elle s'en va ; puis vous tournez la poignée dans l'autre sens, vous freinez et vous l'arrêtez. Il n'y a pas grand-chose de plus jusqu'à présent. Il ne sert à rien d'être scientifique et de connaître le principe du moteur à l'intérieur ; pas bon du tout. Les monteurs, qui connaissent tous les tenants et aboutissants du moteur, sont les pires conducteurs. C'est bien connu. Ils en savent trop. C'est exactement comme j'ai entendu parler d'un homme en ce qui concerne *son* intérieur : s'il savait à quel point c'est une machine compliquée, il ne mangerait jamais, ne boirait pas, ne danserait pas, ne courrait pas, ne ferait jamais quoi que ce soit, de peur de casser quelque chose. Il en va de même pour les installateurs. Mais nous qui ne sommes pas troublés par de telles pensées, allons de l'avant.

« Mais démarrer un moteur est une chose et le conduire en est une autre. N'importe qui, un enfant au maximum , peut allumer la vapeur et l'éteindre à nouveau ; mais ce n'est pas tout le monde qui peut bien maintenir un moteur sur la route, pas plus que tout le monde n'est pas capable de monter correctement à cheval. C'est à peu près la même chose. Si vous faites galoper un cheval sur un kilomètre ou deux, vous lui coupez le souffle, et pendant les deux kilomètres suivants, vous devez le laisser trotter ou marcher. Il en va de même avec un moteur. Si vous mettez trop de vapeur, pour passer sur le sol au début, vous épuisez la chaudière, et ensuite vous devrez ramper jusqu'à ce que votre eau fraîche bout. Ce qu'il y a de bien en conduisant, c'est d'être stable, de ne jamais laisser l'eau trop basse ni le feu trop bas. C'est la même chose avec une bouilloire. Si vous le remplissez alors qu'il est à moitié vide, il revient bientôt à ébullition ; mais si vous ne le remplissez pas jusqu'à ce que l'eau soit presque épuisée, il faudra beaucoup de temps pour revenir à ébullition. Autre chose; vous ne devriez jamais faire de jets, à moins d'être retenu et de perdre du temps. Vous devez monter et descendre une pente au même rythme. Parfois, un conducteur gaspille sa force, et lorsqu'il arrive sur une colline, il a à peine de quoi le tirer. Lorsque vous êtes dans un train qui roule par à-coups, vous pouvez être sûr qu'il y a un mauvais conducteur sur le moteur. Ce genre de conduite effraie terriblement les passagers. Lorsque le train, après avoir trébuché, ralentit brusquement alors qu'il n'est pas à proximité d'une gare, qu'il soit au milieu d'un tunnel, les passagers pensent qu'il y a un danger. Mais généralement, c'est parce que le conducteur est à bout de souffle.

« J'ai conduit le Brighton Express quatre ou cinq ans avant de venir ici, et les passagers annuels, c'est-à-dire les passagers qui avaient des billets annuels, ont toujours dit qu'ils savaient quand j'étais dans le moteur, car ils n'étaient pas secoués. Les messieurs disaient en arrivant sur la plate-forme : « Qui conduit aujourd'hui ? Jim Martin ? Et quand le gardien leur a dit oui, ils ont dit : « Très bien » et ont pris leurs sièges assez confortablement. Mais le conducteur ne reçoit jamais le moindre shilling ; le garde entre pour autant, et il ne fait pas grand-chose. Rares sont ceux qui pensent au conducteur. J'ose dire qu'ils pensent que le train avance tout seul ; Pourtant, si nous ne surveillions pas attentivement, ne connaissions pas notre devoir et ne le faisions pas, ils pourraient tous s'écraser à tout moment. J'avais l'habitude de faire ce trajet jusqu'à Brighton en cinquante-deux minutes. Les journaux parlaient de quarante-neuf minutes, mais c'était un peu trop fort. Je devais surveiller les signaux tout le long du trajet, un tous les deux milles, pour que moi et mon chauffeur soyons tout le temps sur le tronçon, faisant deux choses à la fois : m'occuper du moteur et surveiller. J'ai parcouru cette ligne quatre-vingt-un milles et trois quarts en quatre-vingt-six minutes. Il n'y a aucun danger en matière de vitesse si vous avez une bonne route, un bon moteur et pas trop de voitures derrière vous. Non, nous ne les appelons pas des voitures, nous les appelons des « coachs ».

"Oui; l'oscillation est synonyme de danger. Si jamais vous êtes dans un autocar qui oscille beaucoup, signalez-le à la première station et attelez-le plus près. Les autocars lorsqu'ils sont trop lâches ont tendance à sauter ou à dérailler ; et c'est tout aussi dangereux lorsqu'ils sont accouplés trop près. Il devrait y avoir juste assez d'espace pour que les tampons fonctionnent facilement. Les passagers ont peur dans les tunnels, mais il y a *désormais moins de danger* dans les tunnels que partout ailleurs. Nous n'entrons jamais dans un tunnel à moins qu'il ne soit signalé Clear.

« Un train peut être arrêté très rapidement, même lorsqu'il circule en express, si les gardes agissent avec le conducteur et freinent rapidement. Beaucoup dépend des gardes. Un frein derrière équivaut à deux devant. Le moteur, voyez-vous, perd du poids à mesure qu'il brûle ses charbons et consomme son eau, mais les voitures derrière ne changent pas. Nous avons beaucoup de mal avec les jeunes gardes. Dans leur souci d'accomplir leur devoir, ils freinent trop tôt, de sorte que parfois nous pouvons à peine traîner le train jusqu'à la gare ; quand ils grandissent , ils ne sont plus si inquiets et ne les mettent pas assez tôt. Il ne sert à rien de dire, lorsqu'un accident survient, qu'ils n'ont pas freiné à temps ; ils jurent qu'ils l'ont fait, et vous ne pouvez pas prouver le contraire.

« Est-ce que je pense que taper sur les roues avec un marteau est une simple cérémonie ? Eh bien, je ne sais pas exactement ; Je ne voudrais pas le dire. Ce n'est pas souvent que les gars trouvent quelque chose qui ne va pas. Ils peuvent parfois être à moitié endormis lorsqu'un train arrive en gare en pleine nuit. Tu serais toi-même. Ils devraient taper sur la boîte d'essieu, mais ils ne le font pas.

« De nombreux accidents se produisent et ne font jamais la une des journaux ; de nombreux trains, remplis de passagers, échappent, par miracle, à être mis en pièces par le voisin. Personne n'en sait rien à part le chauffeur et le chauffeur. Je me souviens d'une fois, alors que je conduisais dans les comtés de l'Est. Au détour d'un virage, j'ai soudain aperçu un train qui arrivait sur la même voie ferrée. J'ai appuyé sur le frein, mais c'était trop tard, pensais-je. Voyant le moteur presque proche de nous, j'ai crié à mon chauffeur de sauter. Il a sauté du moteur, presque avant que les mots ne soient sortis de ma bouche. J'étais justement en train de retirer ma main du levier pour suivre, lorsque le train qui arrivait s'arrêta aux aiguillages, et l'instant suivant, la voiture arrière dépassa ma locomotive d'un coup sec. C'était le contact le plus proche que j'aie jamais vu. Mon chauffeur a été tué. Dans une demi- seconde, j'aurais dû sauter et être tué à mon tour. Ce que serait devenu le train sans nous est bien plus que ce que je peux vous dire.

« Il y a des tas de gens écrasés, dont personne n'entend parler. Une nuit sombre dans le Pays Noir, mon compagnon et moi avons senti quelque chose d'humide et de chaud nous éclabousser le visage. "Cela ne vient pas du moteur, Bill," dis-je. «Non», dit-il; "C'est quelque chose d'épais, Jim." C'était du sang. C'est ce que c'était. Nous avons appris par la suite qu'un charbonnier avait été renversé. Lorsque nous tuons l'un de nos propres gars, nous en parlons le moins possible. C'est généralement, et presque toujours, leur propre faute. Non, nous ne pensons jamais nous-mêmes au danger. Nous y sommes habitués, voyez-vous. Mais nous ne sommes pas imprudents. Je ne crois pas qu'il existe un groupe d'hommes plus fiers de leur travail que les mécaniciens. Nous sommes aussi fiers et friands de nos moteurs que s'ils étaient des êtres vivants ; aussi fier d'eux qu'un chasseur ou un jockey l'est de son cheval. Et un moteur a presque autant de moyens qu'un cheval ; elle est une kickeuse, une plongeuse, une rugissante, ou quoi d'autre, à sa manière. Mettez un étranger sur mon moteur, et il ne saura pas quoi en faire. Oui; il y a de merveilleuses améliorations dans les moteurs depuis la dernière grande exposition. Certains d'entre eux prennent leur eau sans s'arrêter. C'est une invention merveilleuse et pourtant simple comme ABC. Il y a des abreuvoirs à certains endroits, entre les rails. En déplaçant un levier, vous laissez descendre l'embouchure d'une pelle dans l'eau et, à mesure que vous vous précipitez, l'eau est poussée dans le réservoir, au rythme de trois mille gallons par minute.

« La principale préoccupation d' un mécanicien est de garder le temps ; c'est ce à quoi il pense le plus. Lorsque je conduisais le Brighton Express, j'avais toujours l'impression de participer à une course contre la montre. Je n'avais aucune crainte du rythme; ce que je craignais, c'était de m'égarer et de ne pas entrer dans l'instant présent. Nous devons rendre compte de notre temps à notre arrivée. L'entreprise nous fournit des montres et nous les suivons. Avant de partir en voyage, nous traversons une pièce pour être inspectée. C'est pour voir si nous sommes sobres. Mais on ne nous dit rien, et un homme un peu parti pourrait passer facilement. J'ai connu un chauffeur qui avait réussi l'inspection, s'approchait du moteur, ivre comme une mouche, se laissait tomber parmi les braises et dormait là comme une bûche pendant tout le trajet. Je devais alors être mon propre chauffeur. Si vous me demandez si les mécaniciens boivent des hommes, je dois vous répondre qu'ils vont plutôt bien. C'est un travail éprouvant; une moitié d'entre vous froide comme la glace ; l'autre à moitié brûlant comme le feu ; mouillez une minute, séchez la minute suivante. Si jamais un homme avait une excuse pour boire, c'est bien celui-là qui était conducteur de machine. Et pourtant, je ne sais pas si jamais un conducteur roule avec son moteur ivre. S'il le faisait, le vent le calmerait bientôt.

« Je crois que les conducteurs de moteurs, en tant que corps, sont les individus les plus sains du monde ; mais ils ne vivent pas longtemps. La cause de cela, je crois, est la nourriture froide et les secousses. Par nourriture froide, j'entends qu'un conducteur de moteur ne trouve jamais ses repas à l'aise. Il n'est jamais à la maison pour son dîner. Lorsqu'il part tôt le matin, il emporte avec lui un peu de viande froide et un morceau de pain pour son dîner ; et généralement il doit le manger dans le hangar, car il ne doit pas quitter son moteur. Vous pouvez comprendre comment les secousses et les secousses font tomber un homme au bout d'un moment. Les compagnies d'assurance ne nous acceptent pas aux tarifs ordinaires. Nous sommes obligés d'être des forestiers, ou des vieux amis, ou ce genre de choses, quand ils ne sont pas si exigeants. Le salaire d' un mécanicien est en moyenne de huit shillings par jour, mais s'il est un bon intrigant avec ses charbons – oui, je veux dire s'il économise ses charbons – il lui est permis bien plus. Certains gagneront ainsi de cinq à dix shillings par semaine. Je ne me plains pas spécialement des salaires ; mais c'est dur pour nous, comme nous, de devoir payer de l'impôt sur le revenu. L'entreprise rend compte de tous nos salaires et nous devons payer. C'est dommage.

« Notre vie domestique, notre vie à la maison, tu veux dire ? Eh bien, à ce propos, nous ne voyons pas beaucoup de nos familles. Je pars de chez moi à sept heures et demie du matin et je ne reviens qu'à neuf heures et demie, ou peut-être plus tard. Les enfants ne sont pas debout quand je pars et ils se sont recouchés avant mon retour. Voici ma journée : – Partez de Londres à 8 h 45 ; conduire pendant quatre heures et demie ; collation froide au démarrage du moteur ; voir au moteur ; repartir en voiture ; moteur propre ; me signaler ; et à la maison. Douze heures de travail dur et anxieux, et pas de victuailles confortables. Oui, nos femmes s'inquiètent pour nous ; car on ne sait jamais quand on sort, si jamais on reviendra. Nous devrions rentrer chez nous dès que nous quittons la gare et nous présenter à ceux qui pensent à nous et dépendent de nous ; mais je crains que ce ne soit pas toujours le cas. Peut-être que nous irons d'abord au cabaret, et peut-être que vous le feriez aussi si vous étiez aux commandes d' une machine toute la journée. Mais les épouses ont leur propre façon de savoir si nous allons bien. Ils s'enquièrent les uns les autres. "Avez-vous vu mon Jim?" dit-on. "Non", dit un autre, "mais Jack l' a vu sortir de la gare il y a une demi-heure." Elle sait alors que son Jim va bien et sait où le trouver si elle le veut. C'est une chose triste quand l'un d'entre nous doit annoncer de mauvaises nouvelles à la femme d'un ami. Aucun de nous n'aime ce travail. Je me souviens que lorsque Jack Davidge a été tué, aucun de nous n'a pu annoncer la nouvelle à sa pauvre femme. Elle avait sept enfants, la pauvre, et deux d'entre eux , le plus jeune, avaient la fièvre. Nous avons demandé à la vieille Mme Berridge, la mère de Tom Berridge, de lui en parler. Mais elle comprit quel était le problème dès l'instant où la vieille femme entra et, avant d'avoir prononcé un mot, elle tomba comme si elle était morte. Elle resta ainsi toute la nuit et n'entendit de la bouche des mortels que le lendemain matin que son Jack avait été tué. Mais elle le savait dans son cœur. C'est une sorte de vie de lancer et de lancer qui est la nôtre !

« Et pourtant, je n'ai jamais été nerveux sur un moteur, mais une seule fois. Je ne pense jamais à ma propre vie. Vous vous lancez dans ce pari, dès que vous commencez, et vous vous habituez au risque. Je ne pense jamais non plus aux passagers. Les pensées d' un conducteur de moteur ne vont jamais derrière son moteur. S'il garde son moteur en bon état, les voitures derrière lui s'en sortiront bien, en ce qui concerne le conducteur. Mais une fois, j'ai *pensé* aux passagers. Mon petit garçon, Bill, était parmi eux ce matin-là. C'était un pauvre petit infirme que nous aimions tous plus que les autres, parce qu'il *était* infirme, et tellement calme et sage. Il descendait à la campagne chez sa tante qui devait s'occuper de lui pendant un moment. Nous pensions que l'air de la campagne lui ferait du bien. Je pensais qu'il y avait des vies derrière moi ce matin-là ; au moins, j'ai beaucoup réfléchi à la petite vie qui était entre mes mains. Il y avait vingt voitures à bord ; mon petit Bill me semblait être dans chacun d' eux . Ma main trembla lorsque j'allumai la vapeur. J'ai senti mon cœur battre à tout rompre alors que nous nous approchions de la loge de l'aiguilleur ; à l'approche du carrefour, j'avais des sueurs froides. A la fin des cinquante premiers milles , j'avais près de onze minutes de retard. « Qu'est-ce que tu as ce matin ? dit mon chauffeur. « As-tu bu une goutte de trop hier soir ? « Ne me parle pas, Fred, dis-je, avant que nous soyons arrivés à Peterborough ; et surveillez bien, c'est un brave garçon. Je n'ai jamais été aussi reconnaissant de ma vie que lorsque j'ai coupé la vapeur pour entrer dans la gare de Peterborough. La tante du petit Bill l'attendait et je l'ai vue le sortir de la voiture. Je lui ai crié de l'amener à moi, je l'ai pris sur le moteur et je l'ai embrassé — ah, vingt fois, je pense — le mettant dans un tel désordre de graisse et de poussière de charbon qu'on n'en a jamais vu.

« Tout allait bien pour le reste du voyage. Et je crois, monsieur, que les passagers étaient plus en sécurité après le départ du petit Bill. Il ne suffirait jamais, voyez-vous, que les conducteurs de moteurs en sachent trop ou ressentent trop de choses.

BRANCHE
N° 3 DE LA MAISON D'INDEMNISATION

« Il n'y a pas un miroir dans toute la maison, monsieur. C'est une fantaisie particulière de mon maître. Il n'y en a pas dans aucune pièce de la maison.

C'était un bâtiment sombre et d'apparence lugubre, et il avait été acheté par cette société pour agrandir sa gare de marchandises. La valeur de la maison avait été soumise à ce qu'on appelait communément « un jury d'indemnisation », et la maison était par conséquent appelée la Maison de Compensation. Il était devenu la propriété de la Compagnie ; mais son locataire restait toujours en possession, en attendant le début des travaux de construction actifs. Mon attention a été initialement attirée sur cette maison parce qu'elle se trouvait juste en face d'un ensemble d'énormes pièces de bois qui se trouvaient près de cette partie de la ligne et sur lesquelles je m'asseyais parfois pendant une demi-heure à la fois, lorsque j'étais fatigué par mes pérégrinations à Mugby Junction.

Elle était carrée, froide, d'aspect gris, construite en pierre grossièrement taillée et couverte de fines dalles du même matériau. Ses fenêtres étaient peu nombreuses et très petites pour la taille du bâtiment. Dans la grande largeur grise et vierge, il n'y avait que quatre fenêtres. La porte d'entrée était au milieu de la maison ; il y avait une fenêtre de chaque côté, et il y en avait deux autres dans l'étage unique du dessus. Les stores étaient tous bien fermés, et, lorsque la porte fut fermée, le morne bâtiment ne donnait aucun signe de vie ni d'occupation.

Mais la porte n'était pas toujours fermée. Parfois, on l'ouvrait de l'intérieur, avec un grand tintement de verrous et de chaînes de porte, et alors un homme s'avançait et se tenait sur le seuil de la porte, reniflant l'air comme pourrait le faire quelqu'un qui avait habituellement une petite somme d'argent. cet élément. Il était gros, trapu, âgé peut-être de cinquante ou soixante ans. C'était un homme dont les cheveux étaient coupés extrêmement près, qui portait une grande barbe touffue et dont l'œil avait un scintillement sociable et avenant. Il était vêtu, chaque fois que je le voyais, d'une redingote brun verdâtre faite d'un tissu qui n'était pas du tissu, portait un gilet et un pantalon de couleur claire et avait un volant sur sa chemise - un ornement, soit dit en passant, ce qui ne semblait pas aller du tout bien avec la barbe, qui était continuellement en contact avec elle. C'était l'habitude de ce digne personnage, après s'être tenu un moment sur le seuil, respirant l'air, de s'avancer sur la route, et, après avoir jeté un coup d'œil à l'une des fenêtres supérieures d'une manière à moitié machinale, de se diriger vers la rue. des rondins de bois, et, penché par-dessus la clôture qui gardait la voie ferrée, de regarder de haut en bas la ligne (elle passait devant la maison) avec l'air d'un homme accomplissant une tâche qu'il s'est imposée et dont on n'attendait rien. Ceci fait, il traversait de nouveau la route, et tournant sur le seuil pour respirer une dernière fois l'air, il disparaissait une fois de plus dans la maison, verrouillant et enchaînant de nouveau la porte comme s'il n'y avait aucune probabilité qu'elle se rouvre avant au moins un instant. semaine. Pourtant, une demi-heure ne s'était pas écoulée qu'il se retrouvait sur la route, reniflant l'air et scrutant la Ligne comme auparavant.

Je ne tardai pas à faire connaissance avec ce personnage inquiet. Je découvris bientôt que mon ami à chemise à volants était le serviteur de confiance, majordome, valet de chambre, factotum, ce que vous voudrez, d'un monsieur malade, un M. Oswald Strange, venu récemment habiter la maison d'en face, et concernant dont l'histoire, ma nouvelle connaissance, dont j'ai appris le nom était Masey, semblait disposée à être quelque peu communicative. Son maître, semble-t-il, était venu ici, en partie dans le but de réduire son établissement - non pas, M. Masey m'a rapidement informé, pour des raisons économiques , mais parce que le pauvre gentleman, pour des raisons particulières, souhaitait avoir peu de personnes à sa charge, en partie pour qu'il puisse être près de son vieil ami, le Dr Garden, qui était établi dans le quartier et dont la société et les conseils étaient nécessaires à la vie de M. Strange. Cette vie était, semble-t-il, tenue par ce monsieur souffrant et dans une situation précaire. Il diminuait rapidement à chaque heure qui passait. Le domestique parlait déjà de son maître au passé, me le décrivant comme un jeune gentilhomme de trente-cinq ans au plus, avec un visage jeune, quant aux traits et à la carrure, mais avec une expression qui n'avait rien de jeune. C'était la grande particularité de cet homme. De loin, il paraissait de plusieurs années plus jeune qu'il ne l'était, et les étrangers, à l'époque où il avait l'habitude de se déplacer, le prenaient toujours pour un homme de vingt-sept ou vingt-huit ans, mais ils changèrent d'avis en obtenant plus près de lui. Le vieux Masey avait une façon bien à lui de résumer les particularités de son maître, répétant vingt fois : « Monsieur, il était étrange de nom, et étrange par nature, et étrange à regarder par-dessus le marché. »

C'est lors de ma deuxième ou troisième entrevue avec le vieux bonhomme qu'il prononça les paroles citées au début de ce simple récit.

"Il n'y a pas de miroir dans toute la maison", dit le vieil homme, debout à côté de ma pièce de bois et regardant d'un air pensif la maison d'en face. "Pas une."

« Dans les salons, je suppose que tu veux dire ? »

« Non, monsieur, je parle des salons et des chambres à coucher ; il n'existe nulle part ailleurs un verre à raser aussi gros que la paume de la main.

"Mais comment ça va ?" J'ai demandé. "Pourquoi n'y a-t-il pas de miroirs dans aucune des pièces ?"

« Ah, monsieur ! » » répondit Masey, « c'est ce qu'aucun de nous ne pourra jamais dire. Là est le mystère. C'est juste une fantaisie de la part de mon maître. Il avait des idées étranges, et celle-ci en faisait partie. C'était un gentleman agréable avec lequel il devait vivre, comme tout domestique pouvait le désirer. Un gentleman libéral et qui ne causait que peu de problèmes ; toujours prêt à dire une parole gentille, et à faire une bonne action aussi, d'ailleurs. Il n'y avait pas une maison dans toute la paroisse de Saint-Georges (dans laquelle nous vivions avant de venir ici) où les domestiques avaient plus de vacances ou une meilleure table ; mais, malgré cela, il avait ses manières bizarres et ses fantaisies, comme je peux les appeler, et celle-ci en était une. Et ce qu'il en a dit, monsieur, poursuivit le vieil homme ; « la mesure dans laquelle cette réglementation était appliquée chaque fois qu'un nouveau domestique était engagé ; et les changements dans l'établissement qu'il a occasionnés. Lors de l'embauche d'un nouveau domestique, la toute première stipulation faite concernait les miroirs. C'était un de mes devoirs d'expliquer la chose, autant qu'elle pouvait être expliquée, avant qu'un domestique ne soit amené dans la maison. « Vous trouverez un endroit facile, disais-je, avec une table libérale, de bons salaires et beaucoup de loisirs ; mais il y a une chose à laquelle vous devez vous décider ; vous devez vous passer de miroirs pendant que vous êtes ici, car il n'y en a pas dans la maison, et d'ailleurs il n'y en aura jamais.

"Mais comment saviez-vous qu'il n'y en aurait jamais ?" J'ai demandé.

« Que je vous bénisse, monsieur ! Si vous aviez vu et entendu tout ce que j'avais vu et entendu, vous n'auriez aucun doute là-dessus. Eh bien, pour ne prendre qu'un exemple : — Je me souviens d'un jour particulier où mon maître eut besoin d'entrer dans la chambre de la gouvernante où habitait la cuisinière, pour voir quelques modifications qu'on y faisait, et où une jolie scène se passa. La cuisinière — c'était une femme très laide et terriblement vaniteuse — avait laissé un petit morceau de miroir d'environ six pouces carrés sur la cheminée ; elle l'avait obtenu *subrepticement* et l'avait toujours gardé sous clé ; mais elle l'avait laissé de côté, étant rappelée brusquement, tout en titillant ses cheveux. J'avais vu la vitre et je me dirigeais vers la cheminée aussi vite que je pouvais ; mais le maître est venu devant avant que je puisse y arriver, et tout a été fini en un instant. Il y jeta un long regard perçant, pâlit mortellement, saisit le verre, le brisa en cent morceaux sur le sol, puis piétina les fragments et les réduisit en poudre avec ses pieds. Il s'est enfermé pour le reste de la journée dans sa propre chambre, m'ordonnant d'abord de renvoyer le cuisinier, sur-le-champ, à tout moment.

"Quelle chose extraordinaire!" Dis-je en réfléchissant.

« Ah ! monsieur, continua le vieillard, c'était étonnant les ennuis que j'avais avec ces servantes. Il était difficile d'en trouver un qui puisse prendre la place dans ces circonstances. "Qu'est-ce qui ne serait pas une Mossoul pour prendre son air ?" » disaient-ils, et ils s'en allaient, malgré les salaires supplémentaires. Alors ceux qui consentaient à venir, quels mensonges ils raconteraient, bien sûr ! Ils protestaient qu'ils ne voulaient pas regarder dans la glace, qu'ils n'avaient jamais eu l'habitude de regarder dans la glace, et pendant ce temps, cette même fille faisait cacher son miroir d'une sorte ou d'une autre. parmi ses vêtements à l'étage. Tôt ou tard, elle le sortait aussi et le laissait quelque part (tout comme la cuisinière), où il était fort probable que son maître le voie. Et puis, car les filles comme celle-là n'ont pas de conscience, monsieur, quand j'en surprenais une , elle se retournait aussi hardiment que de l'airain : « Et comment puis-je savoir si mon air est droit ? disait-elle, comme si cela n'avait pas été pris en compte dans son salaire, que c'était précisément la chose qu'elle ne *devait jamais* savoir lorsqu'elle vivait dans notre maison. C'est beaucoup de vanité, monsieur, et les laids sont toujours les plus vaniteux. Leurs esquives n'avaient pas de fin. Ils avaient des miroirs à l'intérieur des couvercles de leurs boîtes à travail, là où il était presque impossible que je puisse les trouver , ou à l'intérieur des couvertures de livres de cantiques ou de livres de cuisine, ou dans leurs caddies. Je me souviens d'une jeune fille, sournoise et atteinte de la terrible petite vérole, qui lisait toujours son livre de prières à des heures bizarres. Parfois, je pensais à quel point elle avait un esprit religieux, et à d'autres moments (selon mon humeur), je concluais que c'était le service du mariage qu'elle étudiait ; mais un jour, quand je me suis mis derrière elle pour apaiser mes doutes, et voilà ! c'était la vieille histoire : un morceau de verre, sans cadre, fixé dans le kiver avec les bords extérieurs des feuilles de timbres-poste. Esquive ! Pourquoi garderaient-ils leurs miroirs dans l'arrière-cuisine ou dans la cave à charbon, ou les laisseraient-ils s'occuper des domestiques d'à côté, ou chez la laitière du coin ; mais ils le feraient. Et cela ne me dérange pas d'avouer, monsieur, dit le vieil homme en mettant fin à son long discours, que c'était *un* inconvénient de ne pas avoir ne serait-ce qu'un morceau à raser auparavant. Au début, j'allais chez le barbier, mais j'y renonçai bientôt et me mis à porter la barbe comme mon maître ; de même pour garder mes cheveux »—M. Masey toucha sa tête pendant qu'il parlait - " si court, qu'il ne nécessitait aucune séparation, ni avant ni derrière."

Je restai assis un moment, perdu dans l'étonnement, et regardant mon compagnon. Ma curiosité était puissamment stimulée et l'envie d'en apprendre davantage était très forte en moi.

« Votre maître avait-il un défaut personnel, lui ai-je demandé, qui aurait pu le rendre pénible de voir sa propre image se refléter ?

"En aucun cas, monsieur", dit le vieil homme. « C'était un gentleman aussi beau qu'on souhaiterait le voir : un peu délicat et soucieux, peut-être, avec un visage très pâle ; mais aussi libre de toute difformité que vous ou moi, monsieur. Non, monsieur, non ; ce n'était rien de tout cela.

« Alors qu'est-ce que c'était ? Qu'est-ce que c'est?" Ai-je demandé, désespérément. "N'y a-t-il personne qui soit, ou ait été, dans la confiance de votre maître ?"

"Oui, monsieur", dit le vieil homme en tournant les yeux vers la fenêtre d'en face. "Il y a une personne qui connaît tous les secrets de mon maître, et ce secret parmi les autres."

"Et qui est-ce?"

Le vieil homme se retourna et me regarda fixement. «Le médecin ici», dit-il. « Dr. Jardin. Le très vieil ami de mon maître.

«Je voudrais parler avec ce monsieur», dis-je involontairement.

"Il est avec mon maître maintenant", répondit Masey. "Il va sortir bientôt, et je pense pouvoir dire qu'il répondra à toutes les questions que vous voudrez lui poser." Tandis que le vieil homme parlait, la porte de la maison s'ouvrit et un monsieur d'âge moyen, grand et mince, mais qui perdait un peu de sa taille à cause de l'habitude de se baisser, apparut sur la marche. Le vieux Masey m'a quitté aussitôt. Il marmonna quelque chose à propos de suivre les instructions du médecin et traversa la route en toute hâte. Le grand monsieur lui parla pendant une minute ou deux très sérieusement, probablement du patient à l'étage, et il me sembla alors, à leurs gestes, que j'étais moi-même le sujet d'une nouvelle conversation entre eux. Quoi qu'il en soit, lorsque le vieux Masey se retira dans la maison, le médecin vint vers moi et m'adressa la parole avec un sourire très agréable.

« John Masey me dit que vous êtes intéressé par le cas de mon pauvre ami, monsieur. Je rentre maintenant chez moi, et si la peine de marcher avec moi ne vous dérange pas, je serai heureux de vous éclairer autant que je pourrai.

Je m'empressai de lui présenter mes excuses et de lui exprimer mes remerciements, et nous partîmes ensemble. Lorsque nous fûmes arrivés chez le docteur et que nous fûmes assis dans son cabinet, j'osai m'enquérir de la santé de ce pauvre monsieur.

"Je crains qu'il n'y ait aucun amendement, ni aucune perspective d'amendement", a déclaré le médecin. « Le vieux Masey vous a parlé de son étrange état, n'est-ce pas ?

"Oui, il m'a dit quelque chose," répondis-je, "et il dit que tu sais tout."

Le Dr Garden avait l'air très grave. « Je ne sais pas tout. Je sais seulement ce qui se passe lorsqu'il se trouve en présence d'un miroir. Mais quant aux circonstances qui l'ont amené à être hanté de la manière la plus étrange dont j'aie jamais entendu parler , je n'en sais pas plus que vous.

"Hanté?" Je répète. "Et de la manière la plus étrange dont vous ayez jamais entendu parler ?"

Le Dr Garden sourit de mon empressement, parut rassembler ses pensées et poursuivit aussitôt :

« J'ai fait la connaissance de M. Oswald Strange d'une manière curieuse. C'était à bord d'un paquebot italien, en partance de Civita Vecchia pour Marseille. Nous avions voyagé toute la nuit. Le matin, je me rasais dans la cabine, quand tout à coup cet homme est arrivé derrière moi, a regardé un instant dans le petit miroir devant lequel je me trouvais, puis, sans un mot d'avertissement, l'a arraché de l'ongle et s'est précipité je l'ai mis en pièces à mes pieds. Son visage était d'abord livide de passion – cela me semblait plutôt la passion de la peur que de la colère – mais il changea au bout d'un moment et il parut honteux de ce qu'il avait fait. Eh bien, continua le docteur en retombant un instant dans un sourire, bien sûr, j'étais dans une rage diabolique. J'étais en train d'opérer sous la mâchoire, et le sursaut que m'a donné la chose m'a fait me couper. D'ailleurs, cela me paraissait tout à fait scandaleux et insolent, et je l'ai donné au pauvre Strange dans un style de langage auquel je suis désolé de penser maintenant, mais qui, je l'espère, était excusable à l'époque. Quant au délinquant lui-même, son désarroi et ses regrets, maintenant que sa passion était terminée, me désarmèrent. Il envoya chercher le steward et paya très généreusement les dommages causés à la propriété du bateau à vapeur, lui expliquant, ainsi qu'à quelques autres passagers qui étaient présents dans la cabine, que ce qui était arrivé était accidentel. Mais pour moi, il avait une autre explication. Peut-être pensait-il que je devais savoir que ce n'était pas un hasard – peut-être souhaitait-il vraiment se confier à quelqu'un . En tout cas, il m'a avoué que ce qu'il avait fait l'était sous l'influence d'une impulsion incontrôlable – une crise qui le prenait, disait-il, par moments – quelque chose comme une crise. Il m'a demandé pardon et m'a prié de m'efforcer de le dissocier personnellement de cette action dont il avait profondément honte. Puis il essaya une plaisanterie maladive, le pauvre garçon, sur le fait qu'il portait la barbe, et qu'il se sentait par conséquent un peu méchant quand il voyait d'autres personnes prendre la peine de se raser ; mais il ne dit rien d'une infirmité ou d'une illusion, et me quitta peu après.

« En ma qualité professionnelle, je ne pouvais m'empêcher de m'intéresser à M. Strange. Je ne l'ai pas complètement perdu de vue après notre voyage en mer vers Marseille. Je lui ai trouvé un compagnon agréable jusqu'à un certain point ; mais j'ai toujours senti qu'il y avait chez lui une certaine réserve. Il était peu communicatif sur sa vie passée, et surtout ne faisait jamais allusion à quoi que ce soit qui ait trait à ses voyages ou à son séjour en Italie, dont je devinais pourtant qu'il avait été long. Il parlait bien italien et semblait familier avec le pays, mais n'aimait pas en parler.

"Pendant le temps que nous avons passé ensemble, il y a eu des saisons où il était si petit lui-même, que moi, avec une assez grande expérience, j'avais presque peur d'être avec lui. Ses attaques étaient violentes et soudaines au dernier degré ; et il y avait un trait des plus extraordinaires liés à tous : une horrible association d'idées s'emparait de lui chaque fois qu'il se trouvait devant un miroir. Et après que nous eussions voyagé quelque temps ensemble, je redoutais presque autant que lui la vue d'un miroir accroché inoffensivement contre un mur, ou d'un verre de toilette posé sur une coiffeuse.

« Le pauvre Strange n'a pas toujours été affecté de la même manière par un miroir. Parfois, cela semblait le rendre fou de fureur ; à d'autres moments, cela semblait le transformer en pierre : il restait immobile et sans voix comme s'il était attaqué par une catalepsie. Une nuit - les pires choses arrivent toujours la nuit, et plus souvent qu'on ne le pense les nuits d'orage - nous arrivâmes dans une petite ville du centre de l'Auvergne : un lieu peu connu, hors des voies ferrées, et auquel nous avions été attirés, en partie par les attraits antiquaires que possédait l'endroit, et en partie par la beauté du paysage. La météo avait été plutôt contre nous. La journée avait été sombre et sombre, la chaleur étouffante et le ciel menaçait de malice depuis le matin. Au coucher du soleil, ces menaces se sont réalisées. L'orage, qui s'était levé toute la journée, comme il nous semblait contre le vent, éclata sur l'endroit où nous étions logés, avec une très grande violence.

« Il y a des personnes à l'esprit pratique et dotées d'une forte constitution, qui nient catégoriquement que leurs semblables soient, ou puissent être, affectés, dans leur esprit ou dans leur corps, par les influences atmosphériques. Je ne suis pas un disciple de cette école, simplement parce que je ne peux pas croire que ces changements de temps, qui ont tant d'effet sur les animaux, et même sur les objets inanimés, puissent manquer d'avoir quelque influence sur une machine aussi sensible et complexe que le cadre humain. Je pense donc que c'est en partie à cause de l'état perturbé de l'atmosphère que, ce soir-là, je me suis senti nerveux et déprimé. Lorsque mon nouvel ami Strange et moi nous séparâmes pour la nuit, je me sentis aussi peu disposé à aller me reposer que jamais dans ma vie. Le tonnerre persistait encore parmi les montagnes au milieu desquelles était située notre auberge. Parfois, il semblait plus proche, et parfois plus éloigné ; mais cela ne s'arrêtait jamais complètement, sauf quelques minutes à la fois. J'étais incapable de me débarrasser d'une succession d'idées douloureuses qui assiégeaient mon esprit avec persistance.

« Il est à peine besoin d'ajouter que je pensais de temps en temps à mon compagnon de voyage dans la pièce voisine. Son image était presque continuellement devant moi. Il avait été ennuyeux et déprimé toute la soirée, et quand nous nous séparâmes pour la nuit, il y avait dans ses yeux une expression que je ne parvenais pas à sortir de ma mémoire.

« Il y avait une porte entre nos chambres, et la cloison qui les séparait n'était pas très solide ; et pourtant, depuis que je m'étais séparé de lui, je n'avais entendu aucun son qui pût indiquer qu'il était là, encore moins qu'il était éveillé et remuant. J'étais d'une humeur, monsieur, qui rendait ce silence terrible pour moi, et tant d'imaginations stupides – comme qu'il gisait là, mort, ou en crise, ou autre – se sont emparées de moi, qu'enfin je pouvais supporter ce n'est plus le cas. Je me dirigeai vers la porte et, après avoir écouté très attentivement, mais en vain, pour déceler le moindre bruit, je frappai enfin assez brusquement. Il n'y avait pas de réponse. Sentant qu'un suspense plus long serait insupportable, j'ai, sans plus de cérémonie, tourné la poignée et suis entré.

« C'était une grande pièce nue, et si imparfaitement éclairée par une seule bougie qu'il était presque impossible, sauf lorsque la foudre éclatait, de voir dans ses grands coins sombres. Un petit lit branlant était adossé à l'un des murs, enveloppé de rideaux de coton jaune qui traversaient un grand anneau de fer au plafond. Il y avait, pour tous les autres meubles, une vieille commode qui servait aussi de lavabo, ayant une petite vasque et une aiguière et une seule serviette disposées dessus. Il y avait en outre deux chaises anciennes et une coiffeuse. Sur cette dernière, se dressait un grand miroir à l'ancienne à monture sculptée.

« J'ai dû voir toutes ces choses, parce que je m'en souviens si bien maintenant, mais je ne sais pas comment j'ai pu les voir, car il me semble que, dès le moment où j'entre dans cette pièce, l'action de mes sens et l'une des facultés de mon esprit était retenue par l'horrible silhouette qui se tenait immobile devant le miroir au milieu de la pièce vide.

« Comme c'était terrible ! La faible lumière d'une bougie posée sur la table brillait sur le visage de Strange, l'éclairant par le bas et projetant (si je m'en souviens maintenant) son ombre, vaste et noire, sur le mur derrière lui et sur le plafond au-dessus. Il était un peu penché en avant, les mains sur la table pour le soutenir, et il regardait dans la glace qui se tenait devant lui avec une horrible fixité. La sueur coulait sur son visage blanc ; ses traits rigides et ses lèvres pâles apparaissant dans cette faible lumière étaient horribles, plus que les mots ne peuvent le dire, à regarder. Il était si complètement stupéfait et perdu, que le bruit que j'avais fait en frappant et en entrant dans la chambre ne lui était pas remarqué. Même lorsque je l'appelais bruyamment par son nom, il ne bougeait pas ou son visage ne changeait pas.

« Quelle vision d'horreur c'était, dans la grande pièce sombre et vide, dans un silence qui était quelque chose de plus que négatif, cette horrible silhouette figée dans la pierre par une terreur inexpliquée ! Et le silence et la tranquillité ! Le tonnerre lui-même avait cessé maintenant. Mon cœur s'est arrêté de peur. Puis, mû par quelque sentiment instinctif, sous l'influence duquel j'agissais machinalement, je me glissai à pas lents de plus en plus près de la table, et enfin, m'attendant à moitié à voir quelque spectre encore plus horrible que celui que je voyais déjà, je regardai par-dessus son épaule dans le miroir. Il m'est arrivé de toucher son bras, mais seulement de la manière la plus légère. A cet instant, le charme qui l'avait retenu – qui sait combien de temps ? – s'enchaîna, parut rompu, et il revécut dans ce monde. Il se retourna vers moi, aussi brusquement qu'un tigre qui s'élance, et me saisit par le bras.

« Je vous ai dit qu'avant même d'entrer dans la chambre de mon ami, je m'étais senti, toute la nuit, déprimé et nerveux. La nécessité d'agir à ce moment était cependant si évidente, et l'agonie de cet homme faisait paraître tout ce que j'avais ressenti si insignifiant, qu'une grande partie de mon propre malaise semblait me quitter. Je sentais que je *devais* être fort.

«Le visage devant moi m'a presque rendu inhabitable. Les yeux qui regardaient les miens étaient si effrayés par la terreur, les lèvres – si je puis dire – semblaient si muettes. Le malheureux me regarda longuement en face, puis, me tenant toujours par le bras, lentement, très lentement, il tourna la tête. J'avais doucement essayé de l'éloigner du miroir, mais il ne voulait pas bouger, et maintenant il le regardait toujours aussi fixement. Je n'en pouvais plus et, usant de toute la force nécessaire, je l'éloignai peu à peu et le conduisis à l'une des chaises au pied du lit. 'Viens!' J'ai dit — après le long silence, ma voix, même à moi-même, me paraissait étrange et creuse — « viens ! Vous êtes trop fatigué et vous ressentez le temps. Tu ne penses pas que tu devrais être au lit ? Supposons que vous vous allongez. Laissez-moi tester mes compétences médicales en vous mélangeant une potion de composition.

«Il m'a tenu la main et m'a regardé avec impatience dans les yeux. «Je vais mieux maintenant», dit-il, parlant enfin très faiblement. Il me regardait toujours avec cette nostalgie. C'était comme s'il y avait quelque chose qu'il voulait faire ou dire, mais qui n'avait pas une résolution suffisante. Enfin il se leva de la chaise où je l'avais conduit, et me faisant signe de le suivre, traversa la pièce jusqu'à la coiffeuse et se remit devant la glace. Un violent frisson le parcourut alors qu'il le regardait ; mais se forçant apparemment à aller jusqu'au bout de ce qu'il venait de commencer, il resta là où il était et, sans détourner le regard, s'avança vers moi avec sa main pour venir se placer à côté de lui. J'ai obéi.

« 'Regardez là-dedans !' dit-il d'un ton presque inaudible. Il était soutenu, comme auparavant, par ses mains posées sur la table, et ne pouvait qu'incliner la tête vers le verre pour signifier ce qu'il voulait dire. « Regardez là-dedans ! » Il a répété.

«J'ai fait ce qu'il m'a demandé.

"'Que vois-tu?' » demanda-t-il ensuite.

"'Voir?' Répétai-je en essayant de parler aussi joyeusement que possible et en décrivant le reflet de son propre visage aussi fidèlement que possible. "Je vois un visage très, très pâle avec des joues enfoncées..."

"'Quoi?' s'écria-t-il avec une alarme dans la voix que je ne comprenais pas.

« 'Avec des joues enfoncées', continuai-je, 'et deux yeux creux avec de grandes pupilles.'

« J'ai vu le reflet du visage de mon ami changer et j'ai senti sa main serrer mon bras encore plus fort qu'auparavant. Je m'arrêtai brusquement et le regardai. Il ne tourna pas la tête vers moi, mais, regardant toujours dans le miroir, il parut travailler à s'exprimer.

« 'Quoi', balbutia-t-il enfin. « Est-ce que vous… le voyez… aussi ?

"'Voir quoi?' Ai-je demandé rapidement.

"'Ce visage!' s'écria-t-il avec des accents d'horreur. « Ce visage… qui n'est pas le mien… et que… JE VOIS À LA PLACE DU MIEN … toujours !

«J'ai été frappé sans voix par ces mots. En un instant, ce mystère fut expliqué, mais quelle explication ! Pire, cent fois pire que tout ce que j'avais imaginé. Quoi! Cet homme avait-il perdu le pouvoir de voir sa propre image telle qu'elle se reflétait devant lui ? et, à sa place, y avait-il l'image d'un autre ? Avait-il changé d'avis avec un autre homme ? L'horreur de cette pensée m'a laissé sans voix pendant un moment, puis j'ai compris à quel point mon silence donnait une fausse impression.

"'Non non Non!' J'ai pleuré dès que j'ai pu parler : cent fois, non ! Je te vois, bien sûr, et seulement toi. C'est ton visage que j'ai essayé de décrire, et aucun autre.

«Il semblait ne pas m'entendre. « Eh bien, regarde là ! » dit-il d'une voix basse et indistincte, en désignant sa propre image dans le verre. « Quel visage voyez-vous là ?

« Pourquoi le vôtre, bien sûr. » Et puis, au bout d'un moment, j'ai ajouté : « Qui voyez-vous ?

« Il répondit, comme quelqu'un en transe : « *Le sien* , seulement le sien, toujours le sien ! Il resta immobile un moment, puis, avec un cri fort et terrible, répéta ces mots : « TOUJOURS À LUI , TOUJOURS À LUI », et tomba dans un accès de colère devant moi.

«Je savais quoi faire maintenant. Voilà une chose que, en tout cas, je pouvais comprendre. J'avais avec moi mon petit stock habituel de médicaments et d'instruments chirurgicaux, et je fis ce qu'il fallait : d'abord restaurer mon malheureux malade, et ensuite lui procurer le repos dont il avait tant besoin. Il était très malade – aux portes de la mort depuis quelques jours – et je ne pouvais pas le quitter, même s'il était urgent que je retourne à Londres. Lorsqu'il a commencé à se rétablir, j'ai envoyé en Angleterre chercher mon serviteur, John Masey, en qui je savais que je pouvais avoir confiance. L'informant des grandes lignes de l'affaire, je lui confiai la garde de mon malade, avec l'ordre qu'il serait amené dans ce pays dès qu'il serait apte à voyager.

« Cette scène horrible était toujours devant moi. Je voyais jour après jour, avec les yeux de mon imagination, cet homme dévoué, tantôt détruisant dans sa rage le miroir inoffensif qui était la cause immédiate de sa souffrance, tantôt transpercé devant l'horrible image qui le pétrifiait. Je me souviens l'avoir rencontré un jour alors que nous nous arrêtions dans une auberge au bord de la route et l'avoir vu se tenir ainsi en plein jour. Il me tournait le dos et je l'ai attendu et observé pendant près d'une demi-heure alors qu'il se tenait là, immobile et sans voix, et semblant ne pas respirer. Je ne suis pas sûr que cette apparition vue ainsi à la lumière du jour était plus horrible que celle vue au milieu de la nuit, avec le tonnerre grondant parmi les collines.

« De retour à Londres, dans sa propre maison, où il pouvait commander en quelque sorte les objets qui devaient l'entourer, le pauvre Strange était meilleur qu'il ne l'aurait été ailleurs. Il ne sortait que la nuit, mais une ou deux fois je me suis promené avec lui de jour, et je l'ai vu terriblement agité lorsque nous devions passer devant une boutique où des glaces étaient exposées à la vente.

« Il y a près d'un an que mon pauvre ami m'a suivi jusqu'à cet endroit où je me suis retiré. Depuis quelques mois, il s'affaiblit de jour en jour, et une maladie des poumons s'est développée en lui, qui l'a amené à son lit de mort. Je dois ajouter en passant que John Masey a été son compagnon constant depuis que je les ai réunis, et j'ai donc dû m'occuper d'un nouveau domestique.

"Et maintenant, dites-moi ", ajouta le docteur, mettant fin à son récit, "avez-vous déjà entendu une histoire plus misérable, ou a-t-il jamais été hanté d'une manière plus horrible que cet homme ?"

J'étais sur le point de répondre quand j'entendis un bruit de pas dehors, et avant que j'aie pu parler, le vieux Masey entra dans la pièce, en toute hâte et en désordre.

«Je disais justement à ce monsieur », dit le médecin, sans remarquer pour le moment le changement d'attitude du vieux Masey: «comment vous m'avez abandonné pour aller chez votre maître actuel.»

« Ah ! monsieur, répondit l'homme d'une voix troublée, j'ai peur qu'il ne soit pas mon maître longtemps.

Le médecin fut sur pied en un instant. "Quoi! Est-il pire ?

"Je pense, monsieur, qu'il est en train de mourir", dit le vieil homme.

« Venez avec moi, monsieur ; vous pourriez être utile si vous parvenez à vous taire. Le médecin prit son chapeau en s'adressant à moi avec ces mots, et en quelques minutes nous étions arrivés à la Maison de Compensation. Quelques secondes de plus, et nous nous trouvions dans une pièce sombre du premier étage, et je vis allongé sur un lit devant moi, pâle, émacié et, semblait-il, mourant, l'homme dont je venais d'entendre l'histoire.

Il gisait les yeux fermés lorsque nous entrâmes dans la chambre, et j'eus le loisir d'examiner ses traits. Quelle histoire de misère ils ont racontée ! Leur disposition était régulière et symétrique, et non dénuée de beauté, la beauté d'un raffinement et d'une délicatesse extrêmes. La force, il n'y en avait pas, et c'était peut-être à son manque qu'il fallait attribuer les fautes, peut-être le crime, qui avaient rendu la vie de cet homme si misérable. Peut-être le crime ? Oui, il était peu probable qu'une affliction, terrible et permanente, comme celle qu'il avait endurée, s'abatte sur lui à moins qu'un méfait n'ait provoqué le châtiment. Quel méfait nous allions bientôt connaître.

Il arrive parfois — je pense que c'est généralement le cas — que la présence de quelqu'un qui se tient debout et regarde à côté d'un homme endormi le réveille, à moins que son sommeil ne soit particulièrement lourd. Il en était ainsi maintenant. Pendant que nous le regardions, le dormeur se réveilla tout à coup et fixa ses yeux sur nous. Il étendit la main et prit celle du docteur dans sa faible étreinte. "Qui est-ce?" » demanda-t-il ensuite en me désignant.

« Veux-tu qu'il s'en aille ? Ce monsieur connaît quelque chose de vos souffrances et s'intéresse puissamment à votre cas ; mais il nous quittera, si vous le souhaitez, dit le docteur.

"Non. Laissez-le rester.

M'asseyant hors de vue, mais là où je pouvais à la fois voir et entendre ce qui se passait, j'attendais ce qui allait suivre. Le Dr Garden et John Masey se tenaient à côté du lit. Il y eut une pause d'un moment.

«Je veux un miroir», dit Strange sans un mot de préface.

Nous avons tous commencé à l'entendre prononcer ces mots. «Je suis en train de mourir», dit Strange; « Ne m'accorderez-vous pas ma demande ?

Le docteur Garden a chuchoté au vieux Masey : et ce dernier quitta la pièce. Il ne fut pas absent longtemps, n'étant pas allé plus loin que la maison voisine. Il tenait à la main un miroir au cadre ovale à son retour. Un frisson parcourut le corps du malade en le voyant.

« Déposez-le, dit-il faiblement, n'importe où, pour le moment. »

Aucun de nous n'a parlé. Je ne pense pas, dans ce moment de suspense, que nous aurions pu, chacun de nous, parler si nous avions essayé.

Le malade essaya de se relever un peu. « Soutenez-moi », dit-il. "Je parle avec difficulté, j'ai quelque chose à dire."

Ils placèrent des oreillers derrière lui, de manière à relever sa tête et son corps.

"J'en ai actuellement une utilité", dit-il en désignant le miroir. «Je veux voir… » Il s'arrêta et sembla changer d'avis. Il était avare de mots. «Je veux tout vous dire.» De nouveau, il resta silencieux. Puis il parut faire un grand effort et reprit la parole, très brusquement.

«J'aimais tendrement ma femme. Je l'aimais, elle s'appelait Lucy. Elle était anglaise ; mais, après notre mariage, nous avons vécu longtemps à l'étranger, en Italie. Elle aimait le pays et j'aimais ce qu'elle aimait. Elle aimait aussi dessiner et je lui ai trouvé un master. C'était un Italien. Je ne donnerai pas son nom. Nous l'avons toujours appelé « le Maître ». C'était un homme traître et insidieux qui, sous couvert de sa profession, profita de ses opportunités et apprit à ma femme à l'aimer, à l'aimer.

« Je suis essoufflé. Je n'ai pas besoin d'entrer dans les détails sur la façon dont je les ai découverts ; mais je les ai découverts. Nous étions partis en expédition de dessin lorsque j'ai fait ma découverte. Ma rage m'exaspérait, et il y en avait quelqu'un à proximité qui fomentait ma folie. Ma femme avait une servante qui, semblait-il, avait également aimé cet homme – le Maître – et avait été maltraitée et abandonnée par lui. Elle m'a tout dit. Elle avait joué le rôle d'intermédiaire, elle avait porté des lettres. Lorsqu'elle me raconta ces choses, il faisait nuit, dans une ville italienne solitaire, au milieu des montagnes. «Il est dans sa chambre maintenant», dit-elle, «en train de lui écrire».

« Une frénésie s'est emparée de moi en écoutant ces paroles. Je suis naturellement vindicatif – rappelez-vous cela – et maintenant mon désir de vengeance était comme une soif. Voyageant dans ces régions solitaires, j'étais armé, et quand la femme dit : « Il écrit à votre femme », je saisis mes pistolets, comme par instinct. Depuis, cela m'a été un certain réconfort de les avoir pris tous les deux. Peut-être qu'à ce moment-là, j'avais voulu dire par lui équitablement : je voulais dire que nous devions nous battre. Je ne sais pas vraiment ce que je voulais dire . Les mots de la femme : « Il est dans sa propre chambre maintenant, en train de lui écrire », ont résonné à mes oreilles.

Le malade s'arrêta pour reprendre son souffle. Cela lui parut une heure, même si ce n'était probablement pas plus de deux minutes, avant qu'il ne reprenne la parole.

«J'ai réussi à entrer dans sa chambre sans être remarqué. En fait, il était complètement absorbé par ce qu'il faisait. Il était assis à la seule table de la pièce, écrivant sur un bureau de voyage, à la lueur d'une seule bougie. C'était une grossière coiffeuse, et... et devant lui, juste devant lui, il y avait... il y avait un miroir.

«Je me suis glissé derrière lui alors qu'il était assis et écrivait à la lueur de la bougie. J'ai regardé la lettre par-dessus son épaule et j'ai lu : "Chère Lucy, mon amour, ma chérie." Pendant que je lisais ces mots, j'ai appuyé sur la gâchette du pistolet que je tenais dans ma main droite et je l'ai tué – je l'ai tué – mais, avant de mourir, il a levé les yeux une fois – non pas vers moi, mais vers mon image devant lui dans le champ. verre, et son visage – un tel visage – est là – depuis lors, et le mien – mon visage – a disparu !

Il est retombé épuisé, et nous avons tous avancé en pensant qu'il devait être mort, tant il restait immobile.

Mais il n'était pas encore décédé. Il s'est réveillé sous l'influence de stimulants. Il essayait de parler et marmonnait de temps à autre des paroles indistinctes dont nous ne comprenions parfois aucun sens. Nous comprenions cependant qu'il avait été jugé par un tribunal italien et reconnu coupable ; mais avec des circonstances si atténuantes que sa peine fut commuée en emprisonnement, pendant, croyons-nous, deux ans. Mais nous ne pouvions pas comprendre ce qu'il disait à propos de sa femme, même si nous avions compris qu'elle était toujours en vie, d'après quelque chose qu'il avait chuchoté au médecin selon lequel il y avait des dispositions pour elle dans son testament.

Il resta assoupi pendant plus d'une heure après avoir raconté son histoire, puis il se réveilla tout à coup, comme il l'avait fait lorsque nous étions entrés pour la première fois dans la pièce. Il regarda autour de lui avec inquiétude dans toutes les directions, jusqu'à ce que son regard tombe sur le miroir.

«Je le veux», dit-il précipitamment; mais j'ai remarqué qu'il ne frissonnait plus maintenant, à mesure qu'il s'approchait . Lorsque le vieux Masey s'approcha, le tenant dans sa main et pleurant comme un enfant, le Dr Garden s'avança et se plaça entre lui et son maître, prenant la main du pauvre Strange dans la sienne.

"Est-ce sage?" Il a demandé. « Est-il bon, pensez-vous, de revivre cette misère de votre vie maintenant, alors qu'elle est si proche de sa fin ? Le châtiment de votre crime, ajouta-t-il solennellement, a été terrible. Espérons dans la miséricorde de Dieu que votre châtiment soit terminé.

Le mourant se releva avec un dernier grand effort et regarda le médecin avec une expression sur le visage qu'aucun de nous n'avait vue sur aucun visage auparavant.

«Je l'espère», dit-il faiblement, «mais vous devez me laisser faire, car si maintenant, quand je regarde, je vois bien , une fois de plus, j'espèrerai alors encore plus fortement, car je je le prendrai comme un signe.

Le docteur s'écarta sans ajouter un mot, lorsqu'il entendit le mourant parler ainsi, et le vieux domestique s'approcha, et, se penchant doucement, tendit le miroir devant son maître. Peu de temps après, nous, qui étions là à le regarder, essoufflés, avons vu un tel ravissement sur son visage, qu'il ne laissait aucun doute dans notre esprit que le visage qui l'avait hanté si longtemps avait, dans sa dernière heure, disparu.

BRANCH LINE
Nº 4 LE BUREAU DE POSTE VOYANT

Il y a de nombreuses années, et avant que cette ligne ne soit même projetée, j'étais employé comme commis dans un bureau de poste itinérant qui longeait la ligne de chemin de fer allant de Londres à une ville des comtés de Midland, que nous appellerons Fazeley . Mes tâches consistaient à accompagner le train-poste qui quittait Fazeley à 20 h 15 ET arrivait à Londres vers minuit, et à revenir le courrier de jour quittant Londres à 10 h 30 le lendemain matin, après quoi j'ai passé une nuit ininterrompue à Fazeley , tandis qu'un autre le commis a effectué le même cycle de travail ; et ainsi, chaque soir sur deux, j'étais de service dans le fourgon de la poste. Au début, je souffrais un peu de précipitation et de tremblements de nerfs en poursuivant mon métier tandis que le train roulait sous les ponts et dans les tunnels à une vitesse qu'on croyait alors merveilleuse et périlleuse ; mais mes mains et mes yeux ne tardèrent pas à s'habituer au mouvement de la voiture, et je pus vaquer à mes occupations avec la même rapidité et la même facilité qu'à la poste de la ville de campagne où je l'avais appris, et de auquel j'avais été promu grâce à l'influence de l'arpenteur du district, M. Huntingdon. En fait, le travail tomba bientôt dans une routine monotone, qui, nuit après nuit, était poursuivie sans interruption par moi et le jeune commis, qui était mon seul assistant : le travail des postes ferroviaires n'ayant pas alors atteint l'importance et l'ampleur qu'il possède aujourd'hui.

Notre route traversait une région agricole contenant de nombreuses petites villes, qui ne formaient que deux ou trois sacs ; un pour Londres ; un autre peut-être pour le chef-lieu ; un troisième pour la poste ferroviaire, à ouvrir par nos soins, et les clôtures à distribuer suivant leurs diverses adresses. Les employés de beaucoup de ces petits bureaux étaient des femmes, comme c'est encore très généralement le cas, étant les filles et les parentes du maître de poste nominal, qui s'occupent de la plupart des affaires du bureau et dont les noms sont le plus souvent signés sur les factures. accompagnant les sacs. J'étais un jeune homme et un peu plus curieux de l'écriture féminine que je ne le suis maintenant. Il y avait une famille en particulier, que je n'avais jamais vue, mais dont je connaissais parfaitement les signatures, claires, délicates et instruites, très différentes des misérables gribouillages des autres lettres-factures. Un soir du Nouvel An, dans un moment d'émotion, j'ai noué un bout de papier parmi un paquet de lettres pour leur bureau, sur lequel j'avais écrit : « Bonne année à vous tous ». Le lendemain soir, je reçus un retour de mes bons vœux, signés, comme je le devinai, par trois sœurs du nom de Clifton. À partir de ce jour, de temps en temps, une ou deux phrases aussi brèves que celle ci-dessus s'écoulèrent entre nous, et le sentiment de connaissance et d'amitié grandit en moi, bien que je n'aie jamais encore eu l'occasion de voir mes belles amies inconnues.

C'est vers la fin du mois d'octobre suivant que j'ai appris que le premier ministre de l'époque rendait visite en automne à un noble dont la résidence de campagne était située près d'un petit village sur notre voie ferrée. La boîte d'expédition du premier ministre , contenant bien entendu toutes les dépêches qu'il fallait lui faire parvenir, passait entre lui et le secrétaire d'État et était, comme d'habitude, confiée aux soins de la poste. Le continent se trouvait alors dans un état plus que d'ordinaire critique ; on pensait que nous étions au bord d' une guerre européenne ; et des murmures circulaient autour de la dispersion du ministère dans tout le pays. Ces circonstances rendaient pour moi la charge de la boîte d' expédition d'autant plus intéressante. Elle était très semblable en taille et en forme aux boîtes à travail à l'ancienne utilisée par les dames avant que les boîtes en bois poli et ornemental ne deviennent à la mode, et, comme elles, elle était recouverte de cuir de maroquin rouge et fermée par une serrure et une clé. La première fois qu'il m'est venu entre les mains, j'y ai prêté une attention particulière, comme on pouvait s'y attendre. Sur un coin du couvercle, j'ai détecté un dispositif particulier légèrement rayé dessus, très probablement avec la pointe acérée d'un stylo en acier, dans un moment de préoccupation d'esprit qui pousse la plupart d'entre nous à dessiner des lignes étranges et des visages caricaturaux sur n'importe quelle pièce. de papier qui peut se trouver sous notre main. C'était le vieux dispositif révolutionnaire d'un cœur percé d'un poignard ; et je me demandais si ce pouvait être le premier ministre, ou l'un de ses secrétaires, qui l'avait retracé sur le maroquin .

Cette boîte circulait depuis une dizaine de jours, et comme le village ne faisait pas de sac pour Londres, il y avait très peu de lettres sauf celles de la grande maison, le sac aux lettres de la maison et la dépêche . -box, ont été remis directement dans notre bureau de poste itinérant. Mais en guise de compliment à la présence du premier ministre dans le quartier , le train, au lieu de seulement ralentir sa vitesse, s'arrêta complètement, afin que le messager fidèle et confidentiel du premier ministre puisse remettre l'importante boîte entre mes propres mains, afin que sa parfaite sécurité puisse être assurée. assuré. J'avais le soupçon indéfini qu'une personne était également employée pour accompagner le train jusqu'à Londres, car trois ou quatre fois j'avais rencontré un gentleman d'apparence étrangère sur Euston-Square, debout à la porte du wagon le plus proche du bureau de poste. camionnette, et j'ai observé les lourds sacs alors qu'ils étaient transférés de ma garde à la garde des fonctionnaires de la Poste générale. Mais bien que je fusse amusé et quelque peu agacé par cette précaution inutile, je ne prêtai plus attention à cet homme, sauf pour remarquer qu'il avait l'aspect basané d'un étranger et qu'il gardait son visage loin de la lumière des lampes. En dehors de ces choses-là, et après une ou deux premières fois, la boîte d'envoi du premier ministre ne m'intéressait pas plus que n'importe quelle autre partie de ma charge. Mon travail était doublement monotone depuis quelque temps, et je commençais à penser qu'il était temps d'organiser un petit divertissement avec mes amis inconnus, les Clifton. J'y pensais justement lorsque le train s'est arrêté à la gare à environ un mile de la ville où ils habitaient, et que leur facteur, un type bourru et terre-à-terre - cela se voyait dans chaque trait de son visage - a mis le message. des sacs à lettres, et avec eux une lettre qui m'était adressée. C'était dans une enveloppe officielle, « Au service de Sa Majesté », et le sceau était un sceau officiel. Sur le papier plié à l'intérieur (plié officiellement également) j'ai lu l'ordre suivant : « M. Wilcox est prié de permettre au porteur, la fille du maître de poste d'Eaton, de voir le fonctionnement du bureau de poste ferroviaire pendant le voyage. L'écriture que je connaissais bien était celle d'un des commis de l'arpenteur, et la signature était celle de M. Huntingdon. Le porteur de l'ordre se présenta à la porte, le ronflement de la locomotive annonça le départ instantané du train, je tendis la main, la demoiselle sauta légère et adroite dans le fourgon, et nous repartîmes sur notre voyage de minuit.

C'était une petite créature légère, une de ces petites filles élancées qu'on ne pense jamais être une femme, vêtue proprement et simplement d'une robe sombre, avec un voile qui tombait un peu sur son visage et noué sous son menton : la chose la plus remarquable. elle avait l'air d'une grande masse de cheveux clairs, presque jaunes, qui s'étaient détachés d'une manière ou d'une autre et tombaient sur son cou en tresses épaisses et ondulées. Elle avait une attitude libre et agréable, sans aucune audace ni audace, ce qui en une minute ou deux faisait paraître sa présence comme la chose la plus naturelle au monde. Alors qu'elle se tenait à côté de moi devant la rangée de cartons dans lesquels je triais mes lettres, elle posait des questions et je répondais comme si c'était un événement quotidien pour nous de voyager ensemble dans le courrier de nuit jusqu'à la gare d'Euston-Square. . Je me suis reproché d'être un idiot qui n'avait pas plus tôt profité de l'occasion pour rendre visite à mes amis inconnus chez Eaton.

« Alors, » dis-je en déposant devant elle la lettre d'avis de leur propre bureau, « puis-je demander laquelle des signatures que je connais si bien est la vôtre ? Est-ce A. Clifton, ou M. Clifton, ou S. Clifton ? Elle hésita un peu, rougit et leva vers les miens ses yeux francs d'enfant.

«Je suis A. Clifton», répondit-elle.

"Et ton nom?" J'ai dit .

« Anne ; » puis, comme si elle voulait me donner quelques explications sur sa situation actuelle, elle ajouta : « J'allais à Londres en visite, et j'ai pensé que ce serait si agréable de voyager dans la poste pour voir comment fonctionne le travail. a été terminé, et M. Huntingdon est venu inspecter notre bureau et il a dit qu'il m'enverrait une commande.

Je fus quelque peu surpris, car un martinet plus strict que M. Huntingdon ne respirait pas ; mais je baissai les yeux sur le petit visage innocent à mes côtés et j'approuvai cordialement sa dérogation aux règles ordinaires.

"Saviez-vous que vous voyageriez avec moi?" demandai-je à voix basse ; car Tom Morville, mon cadet, était à mon autre coude.

«Je savais que je devrais voyager avec M. Wilcox», répondit-elle avec un sourire qui fit picoter tous mes nerfs.

« Cela fait des siècles que vous ne m'avez pas écrit un mot », lui dis-je avec reproche.

"Tu ferais mieux de ne pas parler, sinon tu feras des erreurs", répondit-elle d'un ton arqué. C'était tout à fait vrai ; car, pris d'un trouble soudain, je triais les lettres au hasard.

Nous approchions alors de la petite gare où l'on récupérait le sac à lettres de la grande maison. Le moteur ralentissait. Miss Clifton manifesta une certaine méfiance naturelle et convenable.

« Cela paraîtrait si étrange, dit-elle, à n'importe qui sur le quai, de voir une fille dans le fourgon de la poste ! Et ils ne pouvaient pas savoir que j'étais la fille d'un maître de poste et que j'avais reçu une commande de M. Huntingdon. N'y a-t-il pas de coin sombre pour m'abriter ?

Je dois vous expliquer en un mot ou deux la construction du fourgon, qui était bien moins bien aménagé que les bureaux de poste ambulants d'aujourd'hui. C'était une camionnette réversible, avec une porte à chaque coin droit. A chaque porte, les boîtes aux lettres étaient disposées de manière à former une sorte d'écran d'environ deux pieds de largeur, qui empêchait les gens de voir à la fois partout dans la voiture. Ainsi, la porte à l'extrémité de la camionnette, celle qui n'était pas utilisée à ce moment-là, était plongée dans une ombre profonde, et le grillage devant elle la transformait en une petite niche, où une petite personne menue comme Miss Clifton était très bien cachée. des yeux curieux. Avant que le train n'entre dans la lumière des lampes du quai, elle s'est installée dans cet abri. Personne d'autre que moi ne pouvait voir son visage riant, alors qu'elle se tenait là, penchée prudemment en avant, son doigt appuyé sur ses lèvres roses, regardant le messager qui remettait entre mes mains la boîte d'expédition du premier ministre , tandis que Tom Morville recevait le sac aux lettres. de la grande maison.

« Voyez-vous, dis-je lorsque nous étions de nouveau en mouvement et qu'elle était sortie de sa dissimulation, voici la boîte d'envoi du premier ministre , qui retourne au secrétaire d'État. Il y a des secrets d'État pour vous, et les dames sont friandes de secrets.

"Oh! Je ne connais rien à la politique, répondit-elle avec indifférence, et nous avons eu cette boîte dans notre bureau une fois ou deux.

"Avez-vous déjà remarqué cette marque dessus," demandai-je , " un cœur avec un poignard à travers?" et en penchant mon visage vers le sien, j'ajoutai une certaine remarque cuillerée , que je ne me soucie pas de répéter. Miss Clifton secoua sa petite tête et fit la moue ; mais elle m'a pris la boîte des mains et l'a portée à la lampe la plus proche à l'extrémité du fourgon, après quoi elle l'a posée sur le comptoir près du paravent, et je n'y ai plus pensé. Le trajet de minuit était extrêmement divertissant, car la jeune fille était pleine de jeunesse , d'impertinence et d'humour joyeux . Je peux affirmer avec certitude que je n'ai jamais assisté à une soi-disant soirée de divertissement qui, pour moi, était à moitié aussi agréable. Cela ajoutait aussi au piquant et au piquant du plaisir de la voir s'empresser de se cacher chaque fois que je lui disais que nous allions nous arrêter pour prendre le courrier.

« Nous avions dépassé Watford, la dernière gare à laquelle nous nous sommes arrêtés, avant que je me rende compte que notre travail était terriblement en retard. Miss Clifton devint également grave et s'assit au bout du comptoir, très calme et réservée, comme si ses ébats étaient terminés et qu'il était possible qu'elle y trouve de quoi se repentir. Je lui avais dit que nous ne devions plus nous arrêter jusqu'à ce que nous atteignions la gare d'Euston-Square, mais à ma grande surprise, j'ai senti notre vitesse diminuer et notre train s'arrêter. J'ai regardé dehors et j'ai appelé le garde dans la camionnette derrière, qui m'a dit qu'il supposait qu'il y avait quelque chose en jeu devant nous et que nous devrions continuer dans une minute ou deux. J'ai tourné la tête et donné cette information à mon collègue et à Miss Clifton.

"Savez-vous où nous sommes?" » demanda-t-elle d'un ton effrayé.

«À Camden-town», répondis-je. Elle sauta précipitamment de son siège et vint vers moi.

«Je suis ici près de la maison de mon amie», dit-elle, «c'est donc une chance pour moi. Ce n'est pas à cinq minutes à pied de la gare. Je vais vous dire au revoir maintenant, M. Wilcox, et je vous remercie mille fois pour votre gentillesse.

Elle semblait bouleversée et elle me tendit ses deux petites mains d'une manière suppliante, comme si elle avait peur que je la retienne contre son gré. Je les pris tous deux dans les miens, les pressant avec un peu plus d'ardeur qu'il n'était nécessaire.

« Je n'aime pas que vous y alliez seul à cette heure, lui dis-je, mais il n'y a aucune aide pour cela. Cela a été un moment délicieux pour moi. Me permettrez-vous de vous rendre visite demain matin de bonne heure, car je quitte Londres à 10 heures 30 ; ou mercredi, quand je serai de nouveau en ville ?

« O », répondit-elle en baissant la tête, « je ne sais pas. Je vais écrire et dire à maman combien vous avez été gentil, et, et… mais je dois y aller, M. Wilcox.

«Je n'aime pas que tu y ailles seul», répétai-je.

« Ô ! Je connais parfaitement le chemin, dit-elle du même ton agité, parfaitement, merci. Et c'est à portée de main. Au revoir."

Elle sauta légèrement hors du wagon, et le train repartit au même instant. Nous étions assez occupés, comme vous pouvez le supposer. Dans cinq minutes , nous serions à Euston-Square, et il restait encore près de quinze minutes de travail à faire. Malgré le plaisir qu'il m'avait procuré, j'ai mentalement anathématisé M. Huntingdon et son écart par rapport aux règles ordinaires, et, chassant de force Miss Clifton de mes pensées, je me suis mis au travail avec un testament, j'ai rassemblé les lettres recommandées pour Londres, j'ai lié ils les regroupèrent avec la facture papier, puis se tournèrent vers le coin du comptoir pour la boîte d'expédition .

Vous avez déjà deviné mon maudit malheur. La boîte d'expédition du premier ministre n'était pas là. Pendant environ une minute, je n'ai été nullement alarmé et j'ai simplement regardé autour de moi, sur le sol, sous les sacs, dans les caisses, dans n'importe quel endroit où il aurait pu tomber ou être déposé. Nous arrivâmes à Euston-Square alors que je cherchais encore et que je perdais de plus en plus mon sang-froid à chaque instant. Tom Morville m'a rejoint dans ma quête et a palpé chaque sac confectionné et scellé. La boîte n'était pas un petit objet pouvant entrer dans une petite boussole ; il mesurait certainement douze pouces de long, et plus que cela en circonférence. Mais cela n'est apparu nulle part. Je ne me suis jamais senti plus près de m'évanouir qu'à ce moment-là.

« Miss Clifton aurait-elle pu l'emporter ? suggéra Tom Morville.

« Non, » dis-je avec indignation mais pensivement, « elle n'aurait pas pu emporter un objet aussi volumineux sans que nous le voyions. Il ne rentrerait pas dans une de nos poches, Tom, et elle portait une veste ajustée qui ne cacherait rien.

"Non, elle ne peut pas l'avoir", acquiesça Tom; "Alors ça doit être quelque part." Nous avons cherché encore et encore, retournant tout dans le van, mais sans succès. La boîte d'envoi du premier ministre avait disparu ; et tout ce que nous pouvions faire au début était de nous tenir debout et de nous regarder. Notre transe de désarroi fut de courte durée, car la camionnette fut assaillie par les facteurs de Saint-Martin-le-Grand, qui attendaient notre chargement. Dans un état de stupeur, nous achevâmes notre travail et déposâmes les courriers ; puis, une fois de plus, nous nous affrontâmes avec des visages pâles, effrayés par nos sept sens. Toutes les embûches dans lesquelles nous avions connu (et nous avions eu notre part habituelle d'erreurs et de bévues) s'estompaient jusqu'à devenir totalement insignifiantes par rapport à cela. Mon regard tomba sur la commande de M. Huntingdon qui gisait parmi quelques bouts de vieux papiers sur le sol, je la ramassai et la mis soigneusement, avec son enveloppe officielle, dans ma poche.

"Nous ne pouvons pas rester ici", a déclaré Tom. Les porteurs regardaient avec curiosité ; nous avons rarement mis autant de temps à quitter notre fourgon vide.

"Non", répondis-je, une soudaine lueur de bon sens traversant la perplexité vide de mon cerveau ; non, il faut aller tout de suite au quartier général et faire les choses nettes. Ce n'est pas une affaire privée, Tom.

Nous avons effectué une nouvelle recherche inefficace, puis nous avons hélé un taxi et avons roulé aussi fort que possible jusqu'au bureau de poste général. Le secrétaire des Postes n'était pas là, bien sûr, mais nous avons obtenu l'adresse de sa résidence dans une des banlieues, à quatre ou cinq milles de la ville , et nous n'avons raconté à personne notre malheur, mon idée étant que le Moins il y avait de personnes informées de la perte, mieux c'était. Mon jugement était là-dessus.

Il fallut démonter la maison du secrétaire, personnage redoutable avec lequel je n'avais jamais été en contact auparavant, et peu de temps après nous eûmes avec lui un entretien strictement privé et confidentiel, à la lueur d'une seule bougie. ne servant qu'à éclairer son visage sévère, qui changeait plusieurs fois d'expression à mesure que je racontais la calamité. C'était trop prodigieux pour être réprimandé, et j'imaginais que ses yeux s'adoucirent avec quelque chose comme de la commisération alors qu'il nous regardait. Après un court intervalle de délibération, il nous annonça son intention de nous accompagner à la résidence du secrétaire d'État ; et quelques minutes plus tard, nous retournions à l'extrémité opposée de Londres. L'heure de la livraison des lettres du matin n'était pas loin lorsque nous arrivâmes à destination ; mais l'atmosphère était jaune de brouillard, et nous ne pouvions rien voir tandis que nous passions dans un silence presque total, car aucun de nous n'osait parler, et le secrétaire ne faisait que de temps en temps une brève remarque. Nous nous rendîmes en voiture jusqu'à une habitation enveloppée dans le brouillard, et nous restâmes dans le fiacre pendant près d'une demi-heure, pendant que notre secrétaire entrait. Au bout de ce temps, nous fûmes convoqués dans un appartement où était assis à un grand bureau un homme. petit homme maigre, avec une grosse tête et des yeux profondément enfoncés sous les sourcils. Il n'y avait bien sûr aucune forme de présentation, et nous ne pouvions que deviner qui il pouvait être ; mais on nous pria de répéter notre déclaration, et quelques questions judicieuses nous furent posées par l'étranger. Nous avions hâte de lui remettre tout ce que nous connaissions, mais ce n'était guère autre chose que la perte de la boîte d'expédition .

« Ce jeune a dû le prendre », a-t-il déclaré.

«Elle ne pouvait pas, monsieur», répondis-je positivement, mais avec déférence. « Elle portait la pelisse la plus ajustée que j'aie jamais vue, et elle m'a donné ses deux mains lorsqu'elle m'a dit au revoir. Elle ne pouvait pas le cacher à son sujet. Cela ne rentrerait pas dans ma poche.

« Comment est-elle arrivée à vous accompagner dans la camionnette, monsieur ? » » demanda-t-il sévèrement.

Je lui ai donné pour réponse l'ordre signé par M. Huntingdon. Lui et notre secrétaire l'ont examiné attentivement.

« C'est sans doute la signature de Huntingdon, » dit celui-ci ; « Je pourrais le jurer n'importe où. C'est une circonstance extraordinaire !

C'était une circonstance extraordinaire. Tous deux se retirèrent dans une chambre voisine, où ils restèrent encore une demi-heure, et lorsqu'ils revinrent vers nous, leurs visages avaient encore un air de grave perplexité.

"M. Wilcox et M. Morville, dit notre secrétaire, il est opportun que cette affaire reste inviolablement secrète. Vous devez même faire attention à ne pas laisser entendre que vous détenez un secret. Vous avez bien fait de ne pas annoncer votre perte à la Poste, et je ferai entendre que vous aviez ordre de porter la boîte d'expédition directement à sa destination. Votre tâche consiste maintenant à retrouver la jeune femme et à la ramener avec elle au plus tard à six heures cet après-midi à mon bureau de la Poste générale. Vous n'avez pas besoin de savoir quelles autres mesures nous pensons devoir prendre ; moins vous en savez, mieux c'est pour vous.

Une autre lueur de commisération dans son œil officiel nous fit sombrer le cœur. Nous partîmes promptement, et, avec cet instinct de sagesse qui nous dicte parfois infailliblement la marche à suivre, nous décidâmes notre ligne d'action. Tom Morville devait se rendre à Camden-town et s'enquérir de Miss Clifton dans chaque maison, tandis que moi, j'aurais juste le temps, je devais courir à Eaton en train et obtenir son adresse exacte auprès de ses parents. Nous avons convenu de nous rencontrer à la Poste générale à cinq heures et demie, si je pouvais y arriver à cette heure-là ; mais de toute façon, Tom devait se présenter au secrétaire et rendre compte de mon absence.

Quand je suis arrivé à la gare d'Eaton, j'ai constaté qu'il ne me restait que quarante-cinq minutes avant le passage du train montant. La ville était à près d'un kilomètre et demi, mais je me suis dépêché de l'atteindre. Je ne fus pas surpris de trouver la poste en relation avec une boutique de libraire, et je vis une agréable vieille dame assise derrière le comptoir, tandis qu'une grande fille aux cheveux noirs était assise à un travail un peu à l'abri des regards. Je me suis présenté aussitôt.

"Je m'appelle Frank Wilcox, du bureau de poste ferroviaire, et je viens de courir à Eaton pour obtenir des informations de votre part."

"Certainement. Nous vous connaissons bien par votre nom », fut la réponse, donnée d'une manière cordiale, qui me fut particulièrement agréable.

« Auriez-vous la gentillesse de me donner l'adresse de Miss Anne Clifton à Camden-town ? J'ai dit .

«Mlle Anne Clifton?» s'écria la dame.

"Oui. Votre fille, je présume. Qui est allé à Londres hier soir.

«Je n'ai pas de fille Anne», dit-elle; «Je m'appelle Anne Clifton et mes filles s'appellent Mary et Susan. Voici ma fille Mary.

La grande fille aux cheveux noirs avait quitté son siège et se tenait maintenant à côté de sa mère. Elle était certainement très différente de la petite coquette aux cheveux dorés qui avait voyagé avec moi à Londres sous le nom d'Anne Clifton.

"Madame," dis-je, à peine capable de parler, "votre autre fille est-elle une petite créature élancée, exactement l'inverse de cette jeune dame ?"

«Non», répondit-elle en riant; «Susan est à la fois plus grande et plus brune que Mary. Appelle Susan, ma chère.

Quelques secondes plus tard, Miss Susan apparut et j'avais les trois devant moi : A. Clifton, S. Clifton et M. Clifton. Il n'y avait aucune autre fille dans la famille ; et quand je décrivis la jeune dame qui avait voyagé sous leur nom, ils ne trouvèrent personne dans la ville — elle était petite — qui répondît à ma description, ou qui fût allé en visite à Londres. Je n'avais pas de temps à perdre et je me suis dépêché de retourner à la gare, attrapant juste le train qui quittait le quai. A l'heure dite, je rencontrai Morville à la Poste générale, et parcourant les longs couloirs des bureaux du secrétaire, nous nous retrouvâmes enfin à attendre anxieusement dans une antichambre, jusqu'à ce que nous soyons appelés en sa présence. Morville n'avait rien découvert, si ce n'est que les porteurs et les policiers de la gare de Camden-town avaient vu hier soir une jeune femme s'évanouir, accompagnée d'un homme basané qui ressemblait à un étranger et portait un petit portemanteau noir.

Je ne sais pas combien de temps nous avons attendu ; cela aurait pu prendre des années, car j'étais conscient d'une difficulté toujours croissante à maîtriser mes pensées ou à les fixer sur le sujet qui les avait absorbés toute la journée. Je n'avais pas goûté de nourriture depuis vingt-quatre heures, ni fermé les yeux depuis trente-six heures, tandis que, pendant tout ce temps, mon système nerveux était en pleine tension.

Bientôt, la convocation arriva, et je fus d'abord introduit dans l'appartement intérieur. Cinq messieurs étaient assis autour d'une table parsemée de nombreux documents. Il y avait le secrétaire d'État que nous avions vu le matin, notre secrétaire et M. Huntingdon ; le quatrième était un bel homme, que j'ai su plus tard pour être le premier ministre ; le cinquième, je le reconnus comme notre grand chef, le ministre des Postes. Ce fut pour moi une assemblée auguste, et je m'inclinai profondément ; mais j'avais la tête étourdie et la gorge sèche.

"M. Wilcox, dit notre secrétaire, vous raconterez encore à ces messieurs les circonstances de la perte que vous m'avez signalée ce matin.

Je posai la main sur le dossier d'une chaise pour me stabiliser, et recommençai la narration pour la troisième fois, passant sur diverses remarques faites par moi-même à la jeune dame. Cela fait, j'ajoutai le récit de mon expédition à Eaton et la certitude à laquelle j'étais parvenu que ma compagne de voyage n'était pas la personne qu'elle se présentait. Après quoi, je demandai avec une anxiété indescriptible si l'ordre de M. Huntingdon était un faux ?

«Je ne peux pas le dire, M. Wilcox», dit ce gentleman en prenant l'ordre entre ses mains et en le considérant avec un air d'extrême perplexité. « J'aurais juré que c'était le mien s'il avait été joint à un autre document. Je pense que l'écriture de Forbes n'est pas si bien imitée. Mais c'est l'encre même que j'utilise, et la mienne est une signature particulière.

C'était une signature très particulière et démodée, avec une fioriture en dessous qui ressemblait à un manche de fouet, avec le fouet enroulé autour au milieu ; mais cela ne rendait pas sa falsification plus difficile, comme je l'ai humblement suggéré. M. Huntingdon écrivit son nom sur un papier, et deux ou trois de ces messieurs essayèrent d'imiter cette démarche, mais en vain. Ils y renoncèrent avec le sourire sur leurs visages graves.

« Vous avez pris soin de ne pas laisser échapper la moindre allusion à cette affaire, M. Wilcox ? » a déclaré le ministre des Postes.

"Pas une syllabe, mon seigneur," répondis-je.

« Il est impératif que le secret soit gardé. Vous seriez éloigné de la tentation de le dire si vous aviez rendez-vous dans un bureau à l'étranger. L'agence de paquets d'Alexandrie est vacante, et je vous y ferai nommer immédiatement.

Ce serait un bon progrès par rapport à ma situation actuelle et constituerait sans aucun doute un tremplin vers d'autres et meilleures nominations ; mais j'avais une mère vivant à Fazeley , alitée et paralytique, qui n'avait d'autre plaisir à exister que de me voir habiter sous le même toit qu'elle. J'avais la tête de plus en plus étourdie et un étrange flou m'envahissait.

« Messieurs, marmonnai-je, j'ai une mère alitée que je ne peux pas quitter. Je n'étais pas à blâmer, messieurs. J'avais l'impression qu'il y avait du remue-ménage et du mouvement à table, mais mes yeux étaient éteints et, une seconde plus tard , j'avais perdu connaissance.

Quand je suis revenu à moi, au bout de deux ou trois minutes, j'ai découvert que M. Huntingdon était agenouillé par terre à côté de moi, soutenant ma tête, tandis que notre secrétaire tenait un verre de vin à mes lèvres. Je me ressaisi aussi vite que possible et me relevai en titubant ; mais les deux messieurs me placèrent sur la chaise contre laquelle j'étais appuyé, et insistèrent pour que je finisse le vin avant que j'essaie de parler.

«Je n'ai pas goûté de nourriture de la journée», dis-je faiblement.

« Alors, mon bon ami, vous rentrerez chez vous immédiatement », dit le ministre des Postes ; « mais soyez sur vos gardes ! Pas un mot de cela ne doit vous échapper. Êtes-vous un homme marié ?

"Non, mon seigneur," répondis-je.

« Tant mieux », ajouta-t-il en souriant. « Tu peux garder un secret pour ta mère, j'ose dire. Nous comptons sur votre honneur .

Le secrétaire sonna alors une cloche, et je fus confié à la charge du messager qui y répondit ; et quelques minutes plus tard, j'étais transporté en taxi jusqu'à mon logement à Londres. Une semaine après, Tom Morville fut envoyé dans un bureau de poste du Canada, où il s'établit, se maria et vit toujours, parfaitement satisfait de sa situation, comme il me l'informe parfois par lettre. Pour ma part, je restai comme je le désirais dans mon ancien poste de commis de voyage jusqu'à la mort de ma mère, survenue dix ou douze mois après. J'ai ensuite été promu au poste de commis responsable, dès la première vacance.

L'affaire des commis chargés est de prendre possession de tout bureau de poste du royaume, à la mort ou à la démission du maître de poste, ou lorsque des circonstances suspectes entraînent sa suspension de ses fonctions. Mes nouvelles fonctions m'ont amené trois ou quatre fois dans le district de M. Huntingdon. Bien que ce gentleman et moi n'ayons jamais échangé un mot au sujet de la perte mystérieuse dans laquelle nous avions tous deux eu une part innocente, il m'a distingué avec une faveur particulière et m'a invité plus d'une fois à lui rendre visite dans sa propre maison. Il vivait seul, n'ayant qu'une fille, qui avait épousé, quelque peu contre son gré, une de ses employées : M. Forbes dont l'écriture avait été si bien imitée dans l'ordre officiel que m'avait présenté la soi-disant Miss Anne Clifton. (À propos, je peux mentionner ici, bien que cela n'ait rien à voir avec mon histoire, que ma connaissance des Clifton s'est transformée en une intimité qui a abouti à mes fiançailles et à mon mariage avec Mary.)

Il serait hors de mon propos de préciser le nombre précis d'années qui se sont écoulées avant que je sois de nouveau convoqué dans l'appartement privé du secrétaire, où je l'ai trouvé enfermé avec M. Huntingdon. M. Huntingdon lui serra la main avec une cordialité officieuse ; puis le secrétaire a exposé les affaires en cours.

"M. Wilcox, tu te souviens de notre offre de te placer à Alexandrie ? il a dit.

"Certainement, monsieur," répondis-je.

«Cela a été un bureau difficile», a-t-il poursuivi, presque mesquin. "Nous avons envoyé M. Forbes il y a seulement six mois, en raison de son état de santé qui nécessitait un climat plus chaud, et maintenant son médecin rapporte que sa vie ne vaut pas trois semaines d'achat."

Le visage de M. Huntingdon exprimait une profonde anxiété ; et tandis que le secrétaire s'arrêtait, il s'adressa à moi.

"M. Wilcox, dit-il, j'ai demandé, à titre de faveur personnelle , que vous soyez envoyé pour prendre en charge l'agence de paquets, afin que ma fille puisse avoir quelqu'un à portée de main pour se lier d'amitié avec elle et la gérer. affaires commerciales pour elle. Vous ne la connaissez pas personnellement, mais je sais que je peux lui confier votre responsabilité.

«Vous pouvez, M. Huntingdon», dis-je chaleureusement. «Je ferai tout ce que je peux pour aider Mme Forbes. Quand veux-tu que je commence ?

« Dans combien de temps peux-tu être prêt ? » fut la réplique.

"Demain matin."

Je n'étais pas marié à cette époque et je ne prévoyais pas de retard pour partir. Il n'y en avait pas non plus. J'ai voyagé par voie terrestre à travers la France jusqu'à Marseille, je me suis embarqué sur un bateau pour Alexandrie, et quelques jours après avoir appris ma destination, j'ai mis les pieds dans le bureau de là-bas. Tous les arrangements postaux étaient tombés dans une irrégularité et une confusion considérables ; car, comme j'en ai été informé dès mon arrivée, M. Forbes était mourant depuis une semaine, et bien sûr l'absence d'un maître avait entraîné les conséquences habituelles. Je pris officiellement possession du bureau, puis, conduit par un des commis, je me rendis au domicile du malheureux maître de poste et de sa non moins malheureuse épouse. Il serait déplacé dans ce récit de se livrer à des récits de voyage sur l'endroit étrange où je me trouvais si inopinément. Qu'il suffise de dire que la pièce sombre et sensuelle dans laquelle on m'a fait entrer, après avoir demandé Mme Forbes, était dépourvue de meubles et dépourvue de tous ces petits signes de raffinement et de goût qui rendent nos salons anglais si agréables à l'œil. Il y avait cependant un piano dans un des coins sombres de la pièce, ouvert et avec une partition dessus. Pendant que j'attendais l'apparition de Mme Forbes, je me dirigeais nonchalamment vers le piano pour voir de quelle musique il s'agissait. L'instant d'après, mon regard tomba sur une boîte à ouvrage antique en maroquin rouge posée sur le dessus du piano – une boîte à ouvrage évidemment, car le couvercle n'était pas bien fermé et quelques fils de soie et de coton en sortaient. Dans une sorte de rêve - car il était difficile de croire que l'événement était un fait - j'ai porté la boîte jusqu'à la fenêtre sombre, et là, bien à mes yeux, l'instrument était gravé sur le cuir : le symbole révolutionnaire d'un cœur. avec un poignard à travers. J'avais trouvé la boîte d'expédition du premier ministre dans le salon du passeur d'Alexandrie !

Je restai debout pendant quelques minutes avec ce sentiment de rêve en moi, regardant la boîte dans la faible lumière obscure. Cela ne pouvait *pas* être réel ! Mon imagination doit me jouer un tour ! Mais le bruit d'un pas léger — car, si léger soit-il, je l'entendis distinctement à mesure qu'il approchait de la pièce — rompit ma transe, et je me dépêchai de replacer la caisse sur le piano et de me baisser comme pour examiner la musique devant moi. la porte s'ouvrit. Je n'avais pas envoyé mon nom à Mme Forbes, car je ne pensais pas qu'elle en était au courant, et elle ne pouvait pas non plus me voir distinctement, alors que je me tenais dans l'obscurité. Mais je pouvais la voir. Elle avait la silhouette élancée, le visage enfantin et les cheveux blonds de Miss Anne Clifton. Elle traversa rapidement la pièce, tendant ses deux mains d'une manière enfantine et attirante.

"Ô!" gémit-elle d'un ton qui me alla droit au cœur, « il est mort ! Il vient de mourir !

Il n'était alors pas temps de parler de la boîte à ouvrage en maroquin rouge . Cette petite créature enfantine, qui ne paraissait pas un jour plus âgée que la dernière fois que je l'avais vue dans mon bureau de poste itinérant, était veuve dans un pays étranger, loin de tout ami sauf moi. Je lui avais apporté une lettre de son père. Les premières tâches qui m'incombèrent furent celles de l'inhumation de son mari, qui devait avoir lieu immédiatement. Trois ou quatre semaines s'écoulèrent avant que je puisse, avec quelque humanité, entreprendre l'enquête sur sa mystérieuse complicité dans le vol audacieux pratiqué sur le gouvernement et la poste.

Je n'ai plus revu la boîte d'expédition . Au milieu de sa nouvelle et véhémente douleur, Mme Forbes eut la précaution de l'enlever avant que je sois reconduit dans la pièce où je l'avais découvert. J'avais quelque peine à trouver un plan permettant d'en avoir une seconde vue ; mais j'étais résolu que Mme Forbes ne quitterait pas Alexandrie sans me donner une explication complète. Nous attendions des envois de fonds et des instructions d'Angleterre, et entre-temps la violence de son chagrin s'apaisa, et elle retrouva une bonne partie de son ancien entrain et de sa beauté, qui m'avaient tant ravi lors de ma première connaissance avec elle. À mesure que ses exigences envers ma sympathie s'affaiblissaient, ma curiosité devenait plus forte et finissait par me maîtriser. J'avais avec moi une bourse en filet qui avait besoin d'être réparée et je lui ai demandé de rattraper les mailles cassées pendant que je l'attendais.

«Je dirai à votre servante d'apporter votre boîte à travail», dis-je en me dirigeant vers la porte et en appelant le domestique. « Votre maîtresse a une boîte à ouvrage en maroquin rouge », lui dis-je en répondant à ma convocation.

"Oui, monsieur," répondit-elle.

"Où est-il?"

"Dans sa chambre", dit-elle.

"Mme. Forbes souhaite qu'il soit amené ici. Je suis retourné dans la pièce. Mme Forbes était devenue extrêmement pâle, mais ses yeux étaient maussades et ses dents serrées sous ses lèvres avec une expression d'entêtement. La servante apporta la boîte à travail. J'ai marché, le dans les mains, jusqu'au canapé où elle était assise.

"Tu te souviens de cette marque?" J'ai demandé; "Je pense qu'aucun de nous ne pourra jamais l'oublier."

Elle ne répondit pas mot à mot, mais il y avait une lueur très intelligente dans ses yeux bleus.

"Maintenant," continuai-je doucement, "j'ai promis à ton père de se lier d'amitié avec toi, et je ne suis pas homme à oublier une promesse. Mais vous devez me dire toute la simple vérité.

J'ai été obligé de la raisonner et de la presser pendant quelque temps. J'avoue que j'ai été jusqu'à lui rappeler qu'il y avait à Alexandrie un consul anglais auquel je pouvais recourir. Enfin , elle ouvrit ses lèvres obstinées, et toute l'histoire sortit, mêlée de sanglots et de pluies de larmes.

Elle avait été amoureuse d'Alfred, disait-elle, et ils étaient trop pauvres pour se marier, et papa ne voulait pas entendre parler d'une telle chose. Elle avait toujours besoin d' argent, tant elle était petite ; et ils promirent de lui donner une si grosse somme, une somme énorme, cinq cents livres.

« Mais qui vous a soudoyé ? » J'ai demandé.

Un monsieur étranger qu'elle avait rencontré à Londres, s'appelait Monsieur Bonnard. C'était un nom français, mais elle n'était pas sûre qu'il soit français. Il lui parla de son père qui était géomètre à la poste et lui posa un grand nombre de questions. Quelques semaines plus tard, elle le rencontra par hasard dans leur propre ville, elle et M. Forbes ; Alfred eut une longue conversation privée avec lui, et ils vinrent la trouver et lui dirent qu'elle pouvait beaucoup les aider. On lui demanda si elle aurait le courage d'emporter du bureau de poste ambulant une petite boîte rouge ne contenant que des papiers. Au bout d'un moment, elle consentit. Après avoir avoué tant de choses sous la contrainte, Mme Forbes parut prendre plaisir au récit et continua avec aisance.

« Nous avions besoin de la signature de papa pour la commande, et nous ne savions pas comment l'obtenir. Heureusement, il eut une crise de goutte et fut très maussade ; et j'ai dû lui lire beaucoup de documents officiels, puis il les a signés. J'ai lu un des journaux deux fois et j'ai remis l'ordre à sa place après la deuxième lecture. Je pensais que j'aurais dû mourir de peur ; mais à ce moment-là, il souffrait beaucoup et était heureux d'avoir terminé son travail. J'ai prétexté que j'allais rendre visite à ma tante à Beckby , mais au lieu d'y aller directement, nous avons réussi à être à la gare d'Eaton une minute ou deux avant l'arrivée du train postal. Je suis resté devant la porte de la gare jusqu'à ce que nous entendions le coup de sifflet, et à ce moment-là, le facteur est arrivé en courant dans la rue, je l'ai suivi directement à travers le bureau de réservation et je lui ai demandé de vous donner la commande que je lui ai remise en main. Il m'a à peine vu. Je viens d'apercevoir le visage de M. Bonnard à travers la vitre du compartiment voisin du fourgon, après le départ d'Alfred. Ils m'avaient promis que le train s'arrêterait à Camden-town, si seulement je pouvais retenir votre attention d'ici là. Vous savez comment j'ai réussi.

« Mais comment avez-vous éliminé la boîte ? » J'ai demandé. « Vous n'auriez pas pu le cacher à votre sujet ; j'en suis sûr. »

"Ah!" dit-elle, «rien n'était plus facile. Monsieur Bonnard m'avait décrit le fourgon, et vous vous souvenez que j'ai déposé la caisse au bout du comptoir, près du coin où je me cachais à chaque gare. Il y avait une porte avec une fenêtre et j'ai demandé si je pouvais laisser la fenêtre ouverte, car il faisait trop chaud dans la camionnette pour moi. Je crois que M. Bonnard aurait pu me le prendre en se penchant seulement par sa fenêtre, mais il a préféré sortir et me le prendre des mains, au moment où le train quittait Watford, de l'autre côté des wagons, n'est-ce pas. C'était la dernière gare et le train s'arrêta à

Camden-town. Après tout, la boîte n'était pas hors de votre vue plus de vingt minutes avant que vous la manquiez. Monsieur Bonnard et moi sortîmes précipitamment de la gare, et Alfred nous suivit. La boîte fut ouverte de force — la serrure n'a jamais été réparée, car elle était particulière — et M. Bonnard prit possession des papiers. Il m'a laissé la boîte, après y avoir mis un rouleau de billets. Alfred et moi nous sommes mariés le lendemain matin et je suis retourné chez ma tante ; mais nous n'avons pas parlé à papa de notre mariage pendant trois ou quatre mois. C'est l'histoire de ma boîte à ouvrage en maroquin rouge .

Elle sourit avec la gaieté provocante d'un enfant espiègle. Il y avait encore un point sur lequel ma curiosité n'était pas satisfaite.

« Saviez-vous de quoi parlaient ces dépêches ? J'ai demandé.

"Oh non!" elle a répondu; « Je n'ai jamais compris la politique du tout. Je ne savais rien d'eux. Monsieur n'a pas dit un mot ; il n'a même pas regardé les journaux pendant notre passage. Je n'aurais jamais, au grand jamais, pris une lettre recommandée ou quoi que ce soit contenant de l'argent, vous savez. Mais tous ces articles pourraient être réécrits assez facilement. Vous ne devez pas me prendre pour un voleur, M. Wilcox ; il n'y avait rien qui valait de l'argent dans les journaux.

«Ils vous valaient cinq cents livres», dis-je. "Avez-vous revu Bonnard?"

«Plus jamais ça», répondit-elle. « Il a dit qu'il allait retourner dans son pays natal. Je ne pense pas que Bonnard était son vrai nom.

Très probablement pas, pensai-je ; mais je n'en ai pas dit plus à Mme Forbes. Une fois de plus, j'étais plongé dans une grande perplexité à propos de cette affaire. C'était clairement mon devoir de signaler la découverte au quartier général, mais j'ai hésité à le faire. L'un des principaux coupables était déjà allé vers un autre jugement que celui de l'homme ; plusieurs années avaient effacé toute trace de M. Bonnard ; et la seule victime de la justice serait cette pauvre petite dupe des deux plus grands criminels. Finalement , j'en vins à la conclusion d'envoyer tous les détails à M. Huntingdon lui-même ; et je les lui ai écrites, sans remarque ni commentaire.

La réponse qui nous parvint à Mme Forbes et à moi à Alexandrie fut l'annonce de la mort subite de M. Huntingdon, suite à une maladie du cœur, le jour qui, selon moi, le mettrait en possession de ma communication. Mme Forbes fut de nouveau submergée par un chagrin et des remords apparemment déchirants. Le revenu qui lui restait était inférieur à cent livres par an. Le secrétaire des Postes, qui avait été un ami personnel du défunt gentleman, était son seul exécuteur testamentaire ; et j'ai reçu une lettre de lui, contenant une pour Mme Forbes, qui lui recommandait, en termes à ne pas se méprendre, de se fixer une résidence à l'étranger et de ne pas retourner en Angleterre. Elle s'imaginait qu'elle aimerait la retraite et la tranquillité d'un couvent ; et j'ai pris des dispositions pour qu'elle entre dans un établissement à Malte, où elle serait toujours sous protection britannique. Je quittai moi-même Alexandrie à l'arrivée d'un autre agent de paquets ; et à mon retour à Londres, j'eus un entretien privé avec le secrétaire. J'ai trouvé qu'il n'était pas nécessaire de l'informer des circonstances que je vous ai racontées, puisqu'il avait pris possession de tous les papiers de M. Huntingdon. Compte tenu de son ancienne amitié et de la fuite de ceux qui méritaient le plus d'être punis, il était arrivé à la conclusion qu'il valait tout aussi bien laisser le passé derrière lui.

À la fin de l' entretien, j'ai délivré un message que Mme Forbes m'avait confié avec insistance.

"Mme. Forbes souhaitait que je vous fasse comprendre, dis-je, que ni elle ni M. Forbes n'auraient été coupables de ce délit s'ils n'avaient pas été très amoureux l'un de l'autre et très en manque d'argent.

"Ah!" répondit le secrétaire en souriant, si le nez de Cléopâtre avait été plus court, le sort du monde aurait été différent !

N° 5 BRANCH LINE
L'INGÉNIEUR

Son nom, monsieur, était Matthew Price ; le mien est Benjamin Hardy. Nous sommes nés à quelques jours d'intervalle ; élevé dans le même village; enseigné dans la même école. Je ne me souviens pas de l'époque où nous n'étions pas des amis proches. Même en tant que garçons, nous n'avons jamais su ce que c'était que se disputer. Nous n'avions aucune pensée, nous n'avions aucune possession, ce n'était pas en commun. Nous serions restés solidaires, sans crainte, jusqu'à la mort. C'était une amitié comme on en lit parfois dans les livres : rapide et ferme comme les grands Tors sur nos landes natales, vraie comme le soleil dans les cieux.

Le nom de notre village était Chadleigh . S'élevant au-dessus des pâturages qui s'étendaient à nos pieds comme un lac vert sans mesure et se fondaient en brume à l'horizon le plus lointain, il se nichait, petit hameau de pierre, dans un creux abrité à mi-chemin entre la plaine et le plateau. Au-dessus de nous, une crête s'élevant au-delà de la crête, une pente au-delà de la pente, s'étendait la lande montagneuse, nue et désolée pour la plupart, avec ici et là une parcelle de champ cultivé ou de plantation rustique, et couronnée plus haut de toutes par des masses d'immenses étendues grises. rocheux, abrupt, isolé, chenu et plus vieux que le déluge. C'étaient les Tors : le Tor des Druides, le Tor du Roi, le Tor du Château, etc. ; lieux sacrés, comme je l'ai entendu dire, dans les temps anciens, où étaient célébrés des couronnements , des incendies, des sacrifices humains et toutes sortes de rites païens sanglants. On y avait aussi trouvé des ossements, des pointes de flèches et des ornements en or et en verre. J'avais une vague admiration pour les Tors à l'époque de mon enfance, et je ne me serais pas approché d'eux la nuit tombée pour obtenir le pot-de-vin le plus lourd.

J'ai dit que nous étions nés dans le même village. Il était le fils d'un petit fermier, nommé William Price, et l'aîné d'une famille de sept personnes ; J'étais le seul enfant d'Ephraim Hardy, le forgeron de Chadleigh , un homme bien connu dans cette région, dont la mémoire n'est pas oubliée à ce jour. Dans la mesure où un fermier est censé être un homme plus grand qu'un forgeron, on peut dire que le père de Mat a une meilleure position que le mien ; mais William Price, avec sa petite propriété et ses sept garçons, était, en fait, aussi pauvre que bien des journaliers ; tandis que le forgeron, aisé, animé, populaire et ouvert d'esprit, était une personne d'une certaine importance dans le lieu. Mais tout cela n'avait rien à voir avec Mat et moi. Il ne nous est jamais venu à l'esprit que sa veste était déchirée au niveau des coudes, ni que nos fonds communs de placement sortaient entièrement de ma poche. Il nous suffisait que nous soyons assis sur le même banc d'école, que nous esquivions nos tâches à partir du même manuel, que nous nous battions les uns les autres, que nous masquions les défauts de chacun, que nous pêchions, que nous fassions l'école buissonnière, que nous pillions ensemble les vergers et les nids d'oiseaux et que nous dépensions ensemble. toutes les demi-heures, autorisées ou volées, en société les uns avec les autres. C'était une époque heureuse ; mais cela ne pouvait pas durer éternellement . Mon père, étant prospère, résolut de me mettre en avant dans le monde. Je dois en savoir plus et faire mieux que lui. La forge n'était pas assez belle, le petit monde de Chadleigh pas assez vaste, pour moi. C'est ainsi que j'étais encore en train de balancer le cartable quand Mat sifflait à la charrue, et qu'enfin, quand mon avenir fut tracé, nous fûmes séparés, comme il nous semblait alors, pour la vie. Car, fils de forgeron que j'étais, le fourneau et la forge, sous une forme ou une autre, me plaisaient le plus, et j'ai choisi de devenir ingénieur en activité. Ainsi, mon père m'a mis peu à peu en apprentissage chez un maître de fer de Birmingham ; et, après avoir fait mes adieux à Mat, à Chadleigh et au vieux Tors gris à l'ombre duquel j'avais passé tous les jours de ma vie, je me tournai vers le nord et me dirigeai vers « le Pays Noir ».

Je ne vais pas m'étendre sur cette partie de mon histoire. Comment j'ai élaboré la durée de mon apprentissage ; comment, après avoir travaillé à plein temps et devenir un ouvrier qualifié, j'ai retiré Mat de la charrue et je l'ai amené au Pays Noir, partageant avec lui le logement, le salaire, l'expérience - tout, en bref, ce que j'avais à donner ; comment lui, naturellement prompt à apprendre et débordant d'énergie tranquille, a gravi les échelons à la fois et est devenu peu à peu un « premier bras » dans son propre département ; Comment, pendant toutes ces années de changements, d'épreuves et d'efforts, la vieille affection enfantine n'a jamais faibli ni faibli, mais a continué, grandissant avec notre croissance et se renforçant avec notre force - sont des faits que je n'ai qu'à exposer dans cet article. lieu.

Vers cette époque — on se souvient que je parle de l'époque où Mat et moi étions du bon côté de la trentaine — il arriva que notre entreprise contracta la fourniture de six locomotives de première classe pour circuler sur la nouvelle ligne, alors en cours de construction. construction, entre Turin et Gênes. C'était la première commande italienne que nous prenions. Nous avions eu des relations avec la France, la Hollande, la Belgique, l'Allemagne ; mais jamais avec l'Italie. La connexion était donc nouvelle et précieuse - d'autant plus précieuse que nos voisins transalpins n'avaient que récemment commencé à construire des routes en fer et qu'ils auraient sans danger besoin de davantage de notre bon travail anglais au fur et à mesure de leur progression. La firme de Birmingham s'est donc résolument engagée à signer le contrat, à allonger nos heures de travail, à augmenter nos salaires, à recruter de nouveaux employés et à décider, si l'énergie et la rapidité le pouvaient, de se placer à la tête du marché du travail italien. , et reste là. Ils ont mérité et obtenu le succès. Les six locomotives ont non seulement été livrées dans les délais, mais ont été expédiées, expédiées et livrées avec une rapidité qui a assez étonné notre destinataire piémontais . Je n'étais pas peu fier, soyez-en sûr, lorsque je me trouvai chargé de surveiller le transport des machines. Ayant droit à quelques assistants, je m'arrangeai pour que Mat soit l'un d'entre eux ; et c'est ainsi que nous profitâmes ensemble des premières grandes vacances de notre vie.

Ce fut un changement merveilleux pour deux agents de Birmingham fraîchement arrivés du Black Country. La ville des fées, avec son fond de croissant d'Alpes ; le port était encombré d'étranges navires ; le merveilleux ciel bleu et la mer plus bleue ; les maisons peintes sur les quais ; la cathédrale pittoresque, recouverte de marbre noir et blanc ; la rue des bijoutiers , comme un bazar des mille et une nuits ; la rue des palais, avec ses cours maures, ses fontaines et ses orangers ; les femmes voilées comme des mariées ; les galériens enchaînaient deux à deux ; les processions des prêtres et des frères ; le bruit éternel des cloches ; le bavardage d'une langue étrangère ; la légèreté et l'éclat singuliers du climat formaient en tout une telle combinaison de merveilles que nous errions, le premier jour, dans une sorte de rêve ahuri, comme des enfants dans une foire. Avant la fin de cette semaine, tentés par la beauté du lieu et la libéralité de la solde, nous avions convenu de prendre du service à la Compagnie des chemins de fer de Turin et de Gênes et de tourner à jamais le dos à Birmingham .

Alors commença une nouvelle vie, une vie si active et si saine, si imprégnée d'air frais et de soleil, que nous nous étonnâmes parfois d'avoir pu supporter la morosité du Pays Noir. Nous parcourions constamment la ligne : tantôt à Gênes, tantôt à Turin, faisant des voyages d'essai avec les locomotives et mettant nos anciennes expériences au service de nos nouveaux employeurs.

Pendant ce temps, nous avions fait de Gênes notre quartier général et loué quelques chambres au-dessus d'un petit magasin situé dans une rue secondaire qui descendait vers les quais. Une petite rue si fréquentée – si raide et sinueuse qu'aucun véhicule ne pouvait la traverser, et si étroite que le ciel ressemblait à une simple bande de ruban bleu foncé au-dessus ! Mais chaque maison était un magasin dont les marchandises empiétaient sur le trottoir, ou s'entassaient autour de la porte, ou pendaient comme une tapisserie aux balcons ; et toute la journée, de l'aube au crépuscule, un flot incessant de passants affluait entre le port et les quartiers hauts de la ville.

Notre logeuse était veuve d'un orfèvre et vivait de la vente d'ornements en filigrane, de bijoux bon marché , de peignes, d'éventails et de jouets en ivoire et en jais. Elle avait une fille unique nommée Gianetta, qui travaillait dans le magasin et était tout simplement la plus belle femme que j'aie jamais vue. En regardant en arrière ce gouffre fatigué des années et en présentant son image devant moi (comme je peux et le fais) avec toute la vivacité de la vie, je suis incapable, même maintenant, de détecter un défaut dans sa beauté. Je n'essaie pas de la décrire. Je ne crois pas qu'il existe un poète vivant qui puisse trouver les mots pour le faire ; mais j'ai vu une fois un tableau qui lui ressemblait un peu (pas à moitié aussi beau, mais toujours comme elle), et, pour autant que je sache, ce tableau est toujours accroché là où je l'ai vu pour la dernière fois, sur les murs du Louvre. Il représentait une femme aux yeux marrons et aux cheveux dorés, regardant par-dessus son épaule dans un miroir circulaire tenu par un homme barbu en arrière-plan. Chez cet homme, comme je l'ai compris alors, l'artiste avait peint son propre portrait ; en elle, le portrait de la femme qu'il aimait. Aucune photo que j'ai jamais vue n'était à moitié aussi belle, et pourtant elle ne méritait pas d'être nommée du même souffle avec Gianetta Coneglia .

Vous pouvez être certain que la boutique de la veuve ne voulait pas de clients. Tout Gênes savait combien il y avait de beauté derrière ce petit comptoir miteux ; et Gianetta, aussi coquette qu'elle fût, avait plus d'amants qu'elle ne voulait se souvenir, même de nom. Douce et simple, riche et pauvre, depuis le marin à casquette rouge achetant ses boucles d'oreilles ou son amulette, jusqu'au noble achetant négligemment la moitié des filigranes de la vitrine, elle les traitait tous de la même manière, les encourageait, se moquait d'eux, les conduisait et les éteignit à son gré. Elle n'avait pas plus de cœur qu'une statue de marbre ; comme Mat et moi l'avons découvert peu à peu, à nos dépens.

Je ne peux pas dire à ce jour comment cela s'est produit, ni ce qui m'a d'abord amené à soupçonner comment les choses se passaient entre nous deux ; mais bien avant le déclin de cet automne, une froideur était apparue entre mon ami et moi. Ce n'était rien qui aurait pu être mis en mots. Ce n'était rien qu'aucun de nous n'aurait pu expliquer ou justifier pour lui sauver la vie. Nous logions ensemble, mangions ensemble, travaillions ensemble, exactement comme avant ; nous faisions même ensemble notre longue promenade du soir, lorsque le travail de la journée était terminé ; et, à part peut-être que nous étions plus silencieux qu'autrefois, aucun simple spectateur n'aurait pu déceler l'ombre d'un changement. Pourtant, il était là, silencieux et subtil, creusant chaque jour le fossé entre nous.

Ce n'était pas sa faute. Il était trop vrai et trop doux pour avoir volontairement provoqué un tel état de choses entre nous. Je ne crois pas non plus, aussi fougueuse que soit ma nature, que ce soit le mien. Tout lui appartenait – du début à la fin – le péché, la honte et le chagrin.

Si elle avait montré une préférence juste et ouverte pour l'un ou l'autre de nous, aucun mal réel n'aurait pu en résulter. Je me serais imposé n'importe quelle contrainte, et, Dieu sait ! J'ai supporté n'importe quelle souffrance, pour voir Mat vraiment heureux. Je sais qu'il aurait fait la même chose, et même plus s'il avait pu, pour moi. Mais Gianetta ne s'en souciait pas non plus. Elle n'a jamais eu l'intention de choisir entre nous. Cela satisfaisait sa vanité de nous diviser ; ça l'amusait de jouer avec nous. Il me serait impossible de dire comment, par mille nuances imperceptibles de coquetterie, par l'arrêt d'un regard, la substitution d'un mot, l'esquisse d'un sourire, elle a réussi à nous tourner la tête, à torturer nos cœurs, et à nous conduire nous allons l'aimer. Elle nous a trompés tous les deux. Elle nous a tous deux redonné espoir ; elle nous rendait fous de jalousie ; elle nous accablait de désespoir. Pour ma part, quand il me semblait que j'avais soudain l'impression que notre chemin était en ruine et que je voyais comment l'amitié la plus véritable qui ait jamais uni deux vies dérivait vers l'effondrement et la ruine, je me suis demandé s'il y avait une femme dans le monde. Le monde valait ce que Mat avait été pour moi et moi pour lui. Mais ce n'était pas fréquent. J'étais plus disposé à fermer les yeux sur la vérité qu'à y faire face ; et ainsi vécu, volontairement , dans un rêve.

Ainsi l'automne passa, et l'hiver vint, l'étrange et traître hiver génois, vert d'olivier et d'ilex, brillant de soleil et amer de tempête. Pourtant, rivaux dans l'âme et amis en surface, Mat et moi nous sommes attardés dans notre logement du Vicolo Balba. Gianetta nous tenait toujours avec ses ruses fatales et sa beauté plus fatale encore. Finalement, le jour est venu où j'ai senti que je ne pouvais plus supporter l'horrible misère et le suspense de cette situation. Le soleil, j'ai juré, ne devrait pas se coucher avant que je connaisse ma sentence. Elle doit choisir entre nous. Elle doit soit me prendre, soit me laisser partir. J'étais imprudent. J'étais désespéré. J'étais déterminé à connaître le pire ou le meilleur. Dans le pire des cas, je tournerais immédiatement le dos à Gênes, à elle, à tous les objectifs et objectifs de ma vie passée, et je recommencerais le monde. C'est ce que je lui ai dit avec passion et sévérité, debout devant elle dans le petit salon à l'arrière de la boutique, par un sombre matin de décembre.

« Si c'est Mat qui vous tient le plus à cœur, lui dis-je, dites-le-moi en un mot et je ne vous dérangerai plus jamais. Il vaut mieux votre amour. Je suis jaloux et exigeant ; il est aussi confiant et altruiste qu'une femme. Parle, Gianetta ; dois-je vous dire au revoir pour toujours et à jamais, ou dois-je écrire à ma mère en Angleterre, lui demandant de prier Dieu de bénir la femme qui a promis d'être mon épouse ?

« Vous plaidez bien la cause de votre amie », répondit-elle avec hauteur. « Matteo devrait être reconnaissant. C'est plus que ce qu'il a jamais fait pour toi.

«Donnez-moi ma réponse, par pitié», m'écriai-je, «et laissez-moi partir!»

« Vous êtes libre de partir ou de rester, signor Inglese », répondit-elle. "Je ne suis pas votre geôlier."

« M'ordonnez-vous de vous quitter ?

« Beata Mère ! pas moi.

« Veux-tu m'épouser si je reste ?

Elle éclata de rire, d'un rire si joyeux, si moqueur, si musical, comme un carillon de cloches d'argent !

« Vous en demandez trop », dit-elle.

« Seulement ce que vous m'avez fait espérer ces cinq ou six mois !

«C'est exactement ce que dit Matteo. Comme vous êtes ennuyeux tous les deux ! »

« Ô Gianetta, dis-je avec passion, sois sérieuse un instant ! Je suis un homme rude, il est vrai, pas assez bon ni assez intelligent pour vous ; mais je vous aime de tout mon cœur, et un empereur ne pourrait pas faire plus.

«J'en suis heureuse», répondit-elle; "Je ne veux pas que tu m'aimes moins."

« Alors vous ne pouvez pas vouloir me rendre malheureux ! Me le promets-tu ?

« Je ne promets rien, dit-elle avec un nouvel éclat de rire ; "sauf que je n'épouserai pas Matteo !"

Sauf qu'elle n'épouserait pas Matteo ! Seulement ça. Pas un mot d'espoir pour moi. Rien que la condamnation de mon ami. Je pourrais en tirer du réconfort, un triomphe égoïste et une sorte d'assurance basse, si je le pouvais. Et c'est ce que j'ai fait, à ma grande honte. J'ai saisi ces vains encouragements, et, imbécile que j'étais ! laissez-la me repousser encore une fois sans réponse. À partir de ce jour, j'ai abandonné tout effort de maîtrise de moi-même et je me suis laissé dériver aveuglément vers la destruction.

Finalement, les choses allèrent si mal entre Mat et moi qu'il sembla qu'une rupture ouverte devait être imminente. Nous nous évitions, échangeions à peine une douzaine de phrases par jour et abandonnions toutes nos vieilles habitudes familières. A cette époque – je frémis de m'en souvenir ! – il y avait des moments où je sentais que je le détestais.

Ainsi, à mesure que les troubles s'approfondissaient et s'élargissaient de jour en jour entre nous, un mois ou cinq semaines s'écoulèrent encore ; et février arriva ; et, avec février, le Carnaval. On disait à Gênes que c'était un carnaval particulièrement ennuyeux ; et cela a dû être le cas ; car, à part un ou deux drapeaux accrochés dans quelques-unes des rues principales et une sorte de fête autour des femmes, il n'y avait aucune indication particulière de la saison. C'était, je crois, le deuxième jour où, après avoir été en ligne toute la matinée, je revins à Gênes au crépuscule et, à ma grande surprise, je trouvai Mat Price sur le quai. Il s'est approché de moi et a posé sa main sur mon bras.

"Vous êtes en retard", dit-il. « Cela fait trois quarts d'heure que je t'attends. Devons-nous dîner ensemble aujourd'hui ?

Aussi impulsif que je sois, cette preuve de retour de bonne volonté a immédiatement rappelé mes meilleurs sentiments.

« De tout mon cœur, Mat », répondis-je ; « Allons-nous chez Gozzoli ?

"Non, non," dit-il précipitamment. « Un endroit plus calme, un endroit où nous pouvons parler. J'ai quelque chose à te dire.

Je remarquai maintenant qu'il avait l'air pâle et agité, et un sentiment d'appréhension inquiet m'envahit. Nous avons opté pour le « Pescatore », une petite trattoria à l'écart, près du Molo Vecchio. Là, dans un salon sombre, fréquenté principalement par des marins et qui sentait le tabac, nous commandâmes notre simple dîner. Mat avalait à peine un morceau ; mais, réclamant aussitôt une bouteille de vin sicilien, il but avec avidité.

"Eh bien, Mat," dis-je alors que le dernier plat était posé sur la table, "qu'as-tu de nouvelles ?"

"Mauvais."

"Je l'ai deviné à partir de ton visage."

« C'est mauvais pour toi, c'est mauvais pour moi. Gianette.

"Et Gianetta?"

Il passa nerveusement la main sur ses lèvres.

« Gianetta est fausse, pire que fausse », dit-il d'une voix rauque. « Elle apprécie le cœur d'un honnête homme tout comme elle apprécie une fleur pour ses cheveux : elle la porte pendant un jour, puis la jette de côté pour toujours. Elle nous a cruellement fait du tort à tous les deux.

« De quelle manière ? Mon Dieu, parlez !

« De la pire manière qu'une femme puisse faire du tort à ceux qui l'aiment. Elle s'est vendue au marquis Loredano .

Le sang me monta à la tête et au visage dans un torrent brûlant. Je voyais à peine et je n'osais pas me permettre de parler.

« Je l'ai vue se diriger vers la cathédrale, reprit-il précipitamment. «C'était il y a environ trois heures. Je pensais qu'elle allait peut-être se confesser, alors je suis resté en retrait et je l'ai suivie à distance. Mais une fois à l'intérieur, elle se dirigea directement vers le fond de la chaire, où l'attendait cet homme. Vous vous souvenez de lui, un vieil homme qui hantait le magasin il y a un mois ou deux. Eh bien, voyant combien ils étaient en conversation et comment ils se tenaient serrés sous la chaire, le dos tourné vers l'église, je suis tombé dans une colère folle et j'ai marché droit dans l'allée, avec l'intention de dire ou de faire quelque chose : je ne savais pas quoi. ; mais, en tout cas, passer son bras sous le mien et la ramener chez elle. Cependant, quand je m'approchai de quelques mètres et que je trouvai seulement un gros pilier entre moi et eux, je m'arrêtai. Ils ne pouvaient pas me voir, ni moi non plus ; mais je pouvais entendre distinctement leurs voix, et—et j'écoutais.

"Eh bien, et vous avez entendu..."

« Les termes d'un marché honteux : la beauté d'un côté, l'or de l'autre ; tant de milliers de francs par an ; une villa près de Naples — Pah ! ça me rend malade de le répéter.

Et, avec un frisson, il versa un autre verre de vin et le but d'un trait.

« Après cela, dit-il aussitôt, je n'ai fait aucun effort pour l'emmener. Tout cela était si froid, si délibéré, si honteux, que je sentais que je n'avais qu'à l'effacer de ma mémoire et à la laisser à son sort. Je suis sorti furtivement de la cathédrale et j'ai marché ici au bord de la mer pendant très longtemps, essayant de mettre mes pensées au clair. Puis je me suis souvenu de toi, Ben ; et le souvenir de la façon dont cette folie s'était interposée entre nous et avait brisé nos vies me rendait fou. Alors je suis monté à la gare et je t'ai attendu. Je pensais que vous deviez tout savoir ; et… et j'ai pensé, peut-être, que nous pourrions retourner ensemble en Angleterre.

«Le marquis Loredano !»

C'était tout ce que je pouvais dire ; tout ce que je pouvais penser. Comme Mat venait de le dire de lui-même, je me sentais « comme abasourdi ».

« Il y a autre chose que je pourrais aussi bien vous dire, ajouta- t-il à contrecœur, ne serait-ce que pour vous montrer à quel point une femme peut être fausse. Nous… nous devions nous marier le mois prochain.

" *Nous* ? OMS? Que veux-tu dire?"

"Je veux dire que nous devions nous marier, Gianetta et moi."

Une soudaine tempête de rage, de mépris, d'incrédulité m'envahit à cela et sembla emporter mes sens.

" *Toi* !" J'ai pleuré. « Gianetta t'épouse ! Je n'y crois pas.

"J'aurais aimé ne pas y croire", répondit-il, levant les yeux comme s'il était intrigué par ma véhémence. «Mais elle me l'a promis; et j'ai pensé que, lorsqu'elle l'avait promis, elle le pensait vraiment.

"Elle m'a dit, il y a des semaines, qu'elle ne serait jamais ta femme !"

Son teint s'est élevé, son front s'est assombri ; quand sa réponse arriva, elle fut aussi calme que la précédente.

"En effet!" il a dit. « Alors ce n'est qu'une bassesse de plus. Elle m'a dit qu'elle vous avait refusé ; et c'est pourquoi nous avons gardé nos fiançailles secrètes.

« Dites la vérité, Mat Price », dis-je, presque hors de moi et soupçonneux. « Avouez que chaque mot de ceci est faux ! Avoue que Gianetta ne t'écoutera pas et que tu crains que je réussisse là où tu as échoué. Peut-être que je le ferai… peut-être que je le ferai, après tout !

"Es-tu fou?" il s'est excalmé. "Que veux-tu dire?"

« Que je crois que c'est juste une ruse pour m'emmener en Angleterre, que je n'accorde aucune syllabe à votre histoire. Tu es un menteur et je te déteste !

Il se leva et, posant une main sur le dossier de sa chaise, me regarda sévèrement en face.

«Si vous n'étiez pas Benjamin Hardy», dit-il délibérément, «je vous battrais à un pouce de votre vie.»

A peine ces mots eurent-ils franchi ses lèvres que je me jetai sur lui. Je n'ai jamais pu me souvenir distinctement de ce qui a suivi. Une malédiction, un coup, une lutte, un moment de fureur aveugle, un cri, une confusion de langues, un cercle de visages étranges. Puis je vois Mat allongé dans les bras d'un passant ; moi-même tremblant et abasourdi – le couteau tombant de ma main ; du sang sur le sol ; du sang sur mes mains ; du sang sur sa chemise. Et puis j'entends ces mots terribles :

"Oh, Ben, tu m'as assassiné!"

Il n'est pas mort – du moins, pas sur-le-champ. Il a été transporté à l'hôpital le plus proche et est resté pendant quelques semaines entre la vie et la mort. Son cas, disaient-ils, était difficile et dangereux. Le couteau était entré juste en dessous de la clavicule et avait pénétré jusqu'aux poumons. Il n'avait pas le droit de parler ni de se tourner – à peine de respirer librement. Il ne pourrait même pas lever la tête pour boire. Je suis resté assis à ses côtés jour et nuit tout au long de cette période douloureuse. J'ai renoncé à ma situation au chemin de fer ; Je quittai mon logement du Vicolo Balba ; J'ai essayé d'oublier qu'une femme comme Gianetta Coneglia avait déjà respiré. Je ne vivais que pour Mat ; et il essayait de vivre plus, je crois, pour moi que pour le sien. Ainsi, dans les heures amères et silencieuses de douleur et de pénitence, où aucune autre main que la mienne ne s'approchait de ses lèvres ou ne lissait son oreiller, la vieille amitié revenait avec encore plus que sa confiance et sa fidélité d'antan. Il m'a pardonné pleinement et librement ; et j'aurais heureusement donné ma vie pour lui.

Enfin, par un beau matin de printemps, renvoyé comme convalescent, il franchit les portes de l'hôpital en chancelant, appuyé sur mon bras et faible comme un enfant. Il n'était pas guéri; et comme je l'appris alors avec horreur et angoisse, il n'était pas possible qu'il puisse un jour être guéri. Il pourrait vivre, avec soin, pendant quelques années ; mais les poumons étaient blessés au-delà de tout espoir de remède, et il ne pourrait plus jamais redevenir un homme fort et en bonne santé. Telles furent, prononcées à part, les paroles d'adieu du médecin-chef, qui me conseilla de l'emmener sans délai plus au sud.

Je l'ai emmené dans une petite ville côtière appelée Rocca, à une trentaine de kilomètres au-delà de Gênes, un endroit isolé et abrité le long de la Riviera, où la mer était encore plus bleue que le ciel et les falaises vertes avec d'étranges plantes tropicales, cactus et aloès. et des palmiers égyptiens. Ici nous logeâmes dans la maison d'un petit commerçant ; et Mat, pour reprendre ses propres mots, « s'est mis au travail pour se rétablir sérieusement ». Mais hélas! c'était une œuvre qu'aucun sérieux ne pouvait faire progresser. Jour après jour, il descendait à la plage et restait assis pendant des heures à boire l'air marin et à regarder les voiles qui allaient et venaient au large. Bientôt, il ne put aller plus loin que le jardin de la maison que nous habitions. Un peu plus tard, il passait ses journées sur un canapé près de la fenêtre ouverte, attendant patiemment la fin. Oui, pour la fin ! On en était arrivé là. Il disparaissait rapidement, déclinant avec le déclin de l'été, et conscient que la Faucheuse était à portée de main. Son seul objectif était désormais d'adoucir l'agonie de mes remords et de me préparer à ce qui allait bientôt arriver.

"Je ne vivrais pas plus longtemps si je le pouvais", a-t-il déclaré, allongé sur son canapé un soir d'été, levant les yeux vers les étoiles. « Si j'avais le choix à ce moment-là, je demanderais à y aller. Je voudrais que Gianetta sache que je lui ai pardonné.

« Elle le saura », dis-je en tremblant soudain de la tête aux pieds.

Il m'a serré la main.

« Et tu écriras à père ?

"Je vais."

Je m'étais un peu reculé pour qu'il ne voie pas les larmes couler sur mes joues ; mais il se souleva sur son coude et regarda autour de lui.

« Ne t'inquiète pas, Ben, » murmura-t-il ; il posa la tête en arrière sur l'oreiller et mourut ainsi.

Et ce fut la fin. C'était la fin de tout ce qui faisait la vie pour moi. Je l'ai enterré là, en entendant parler du bruit d'une mer étrangère sur un rivage étranger. Je suis resté près de la tombe jusqu'à ce que le prêtre et les spectateurs soient partis. J'ai vu la terre remplie jusqu'au dernier mot, et le fossoyeur la piétinait avec ses pieds. C'est alors, et seulement alors, que j'ai senti que je l'avais perdu pour toujours, l'ami que j'avais aimé, haï et tué. C'est alors, et seulement alors, que j'ai su que tout repos, toute joie et tout espoir étaient terminés pour moi. À partir de ce moment, mon cœur s'est endurci en moi et ma vie a été remplie de haine. Le jour et la nuit, la terre et la mer, le travail et le repos, la nourriture et le sommeil m'étaient également odieux. C'était la malédiction de Caïn, et le fait que mon frère m'ait pardonné n'en rendait pas la situation plus légère. La paix sur terre n'était plus pour moi, et la bonne volonté envers les hommes était morte à jamais dans mon cœur . Le remords adoucit certaines natures ; mais ça a empoisonné le mien. Je détestais toute l'humanité ; mais par-dessus tout l'humanité, je détestais la femme qui s'était interposée entre nous deux et qui avait ruiné nos vies à tous les deux.

Il m'avait demandé de la chercher et d'être le messager de son pardon. J'aurais plutôt préféré descendre au port de Gênes et prendre sur moi le bonnet de serge et la chaîne fusillée de tout galérien travaillant dans les travaux publics ; mais je faisais de mon mieux pour lui obéir. J'y suis retourné, seul et à pied. J'y suis retourné avec l'intention de lui dire : « Gianetta Coneglia , il t'a pardonné ; mais Dieu ne le fera jamais. Mais elle était partie. La petite boutique fut louée à un nouvel occupant ; et les voisins savaient seulement que la mère et la fille avaient quitté les lieux tout à coup et que Gianetta était censée être sous la « protection » du marquis Loredano . Comment je me suis renseigné ici et là, comment j'ai appris qu'ils étaient partis pour Naples, et comment, inquiet et insouciant de mon temps, j'ai fait mon voyage sur un paquebot français et je l'ai suivi, comment, après avoir trouvé la somptueuse villa qui était maintenant à elle, j'appris qu'elle en était partie depuis une dizaine de jours et s'était rendue à Paris, où le marquis était ambassadeur des Deux- Siciles - comment, en faisant mon passage pour revenir à Marseille, et de là, en partie par le fleuve et en partie par le chemin de fer, je me suis rendu à Paris, comment, jour après jour, j'ai arpenté les rues et les parcs, surveillé les portes de l'ambassadeur, suivi sa voiture, et enfin, après des semaines d'attente, découvert son adresse, comment, ayant écrit pour demander un entretien, ses domestiques m'ont repoussé à sa porte et m'ont jeté ma lettre au visage - comment, levant les yeux vers ses fenêtres, je l'ai alors, au lieu de lui pardonner, l'ai solennellement maudite des injures les plus amères que ma langue puisse imaginer - et Comment, ceci fait, j'ai secoué la poussière de

Paris de mes pieds et suis devenu un vagabond sur la surface de la terre, ce sont des faits que je n'ai plus d'espace pour raconter.

Les six ou huit années suivantes de ma vie ont été assez changeantes et instables. Homme morose et agité, je prenais du travail ici et là, selon l'occasion, m'adonnant à beaucoup de choses et me souciant peu de ce que je gagnais, pourvu que le travail soit dur et le changement incessant. Tout d'abord , je m'engageai comme mécanicien en chef sur l'un des paquebots français faisant la navette entre Marseille et Constantinople. A Constantinople, je m'installai sur l'un des bateaux autrichiens du Lloyd's et travaillai pendant quelque temps vers et depuis Alexandrie, Jaffa et ces régions. Après cela, je rencontrai un groupe d'hommes de M. Layard au Caire, et remontai ainsi le Nil et fis un tour aux fouilles du monticule de Nimroud . Puis je suis devenu ingénieur travaillant sur la nouvelle ligne du désert entre Alexandrie et Suez ; et peu à peu, j'ai réussi à me rendre à Bombay et j'ai pris du service comme monteur de moteurs sur l'un des grands chemins de fer indiens. Je suis resté longtemps en Inde ; c'est-à-dire que je suis resté près de deux ans, ce qui était long pour moi ; et je ne serais peut-être même pas parti si tôt, sans la guerre qui a été déclarée à ce moment-là avec la Russie. Cela m'a tenté. Car j'aimais le danger et les difficultés comme les autres hommes aiment la sécurité et la facilité ; et quant à ma vie, j'aurais préféré m'en séparer plutôt que de la garder, n'importe quel jour. Je suis donc revenu directement en Angleterre ; Je me rendis à Portsmouth, où mes témoignages me procurèrent aussitôt le genre de couchette que je souhaitais. Je suis allé en Crimée dans la salle des machines d'un des paquebots de guerre de Sa Majesté.

J'ai servi dans la flotte, bien sûr, pendant toute la durée de la guerre ; et quand ce fut fini, je repartis errer, me réjouissant de ma liberté. Cette fois, je suis allé au Canada, et après avoir travaillé sur un chemin de fer alors en construction près de la frontière américaine, je suis actuellement passé aux États-Unis ; voyagé du nord au sud; traversé les montagnes Rocheuses; essayé un mois ou deux de vie au pays de l'or ; puis, saisi d'un désir soudain, douloureux et inexplicable de revoir cette tombe solitaire si loin sur la côte italienne, je me tournai une fois de plus vers l'Europe.

Pauvre petite tombe ! Je l'ai trouvé couvert de mauvaises herbes, la croix à moitié brisée, l'inscription à moitié effacée. C'était comme si personne ne l'aimait ni ne se souvenait de lui. Je retournai à la maison dans laquelle nous avions logé ensemble. Les mêmes personnes y vivaient toujours et m'accueillèrent gentiment. Je suis resté avec eux pendant quelques semaines. J'ai désherbé, planté et taillé la tombe de mes propres mains, et j'ai érigé une nouvelle croix en marbre blanc pur. C'était la première saison de repos que je connaissais depuis que je l'y avais déposé ; et quand enfin j'eus mis mon sac sur l'épaule et reparti pour combattre le monde, je me promis que, si Dieu le voulait, je reviendrais à Rocca, lorsque mes jours approcheraient de leur fin, et que j'y serais enterré à ses côtés.

De là, étant peut-être un peu moins enclin qu'autrefois aux régions très éloignées, et voulant rester à la portée de cette tombe, je ne suis pas allé plus loin que Mantoue, où je me suis engagé comme conducteur de machine sur la ligne, puis pas achevé depuis longtemps, entre cette ville et Venise. D'une manière ou d'une autre, même si j'avais été formé au métier d'ingénieur du travail, je préférais ces jours-ci gagner mon pain en conduisant. J'ai aimé l'excitation, la sensation de puissance, le souffle de l'air, le rugissement du feu, le mouvement du paysage. J'ai surtout aimé conduire un express de nuit. Plus le temps était mauvais, mieux cela convenait à mon caractère maussade. Car j'étais aussi dur et plus dur que jamais. Les années n'avaient rien fait pour m'adoucir. Ils n'avaient fait que confirmer tout ce qu'il y avait de plus noir et de plus amer dans mon cœur.

Je restais assez fidèle à la lignée de Mantoue, et j'y travaillais régulièrement depuis plus de sept mois lorsque se produisit ce que je vais raconter maintenant.

C'était au mois de mars. Le temps était instable depuis quelques jours et les nuits orageuses ; et en un point de la ligne, près de Ponte di Brenta, les eaux étaient montées et avaient emporté quelque soixante-dix mètres de remblai. Depuis cet accident, les trains avaient tous été obligés de s'arrêter à un certain endroit entre Padoue et Ponte di Brenta, et les passagers, avec leurs bagages, devaient de là être transportés dans toutes sortes de véhicules, par une route de campagne détournée, jusqu'au la gare la plus proche de l'autre côté de la brèche, où les attendaient un autre train et une locomotive. Ceci, bien sûr, a causé une grande confusion et un grand ennui, a modifié tous nos horaires et a soumis le public à de nombreux désagréments. Entre-temps , une armée de marins était enrôlée sur place et travaillait jour et nuit pour réparer les dégâts. À cette époque, je conduisais deux trains par jour ; à savoir, un de Mantoue à Venise tôt le matin, et un train de retour de Venise à Mantoue dans l'après-midi : une journée de travail assez complète, couvrant environ cent quatre-vingt-dix milles de terrain et occupant entre dix et onze heures. Je ne fus donc pas très heureux lorsque, le troisième ou le quatrième jour après l'accident, on m'informa qu'en plus de mon allocation de travail habituelle, je devrais ce soir-là conduire un train spécial pour Venise. Ce train spécial, composé d'une locomotive, d'un wagon unique et d'un fourgon, devait quitter le quai de Mantoue à onze heures ; à Padoue, les passagers devaient descendre et trouver des chaises de poste attendant pour les conduire à Ponte di Brenta ; à Ponte di Brenta, une autre locomotive, une voiture et un break-van devaient être prêts. J'ai été chargé de les accompagner tout au long.

« Corpo di Bacco, » dit le commis qui m'a donné mes ordres, « tu n'as pas besoin d'avoir l'air si noir, mec. Vous êtes assuré d'une belle gratification. Savez-vous qui vous accompagne ?

"Pas moi."

« Pas toi, en effet ! Eh bien, c'est le Duca Loredano , l'ambassadeur napolitain.

« Lorédano ! J'ai balbutié. «Qu'est-ce que Loredano ? Il y avait un marquis…

« Bien sûr. Il y a quelques années, c'était le marquis Loredano ; mais il est depuis lors entré dans son duché.

"Il doit être un homme très âgé à cette époque."

« Oui, il est vieux ; mais qu'en est-il de cela ? Il est toujours aussi sain, brillant et majestueux. Vous l'avez déjà vu ?

«Oui», dis-je en me détournant; "Je l'ai vu il y a des années."

« Vous avez entendu parler de son mariage ? »

J'ai secoué ma tête.

L'employé rit, se frotta les mains et haussa les épaules.

"Une affaire extraordinaire", a-t-il déclaré. « J'ai fait une formidable esclandre à l'époque. Il épousa sa maîtresse, une fille assez commune et vulgaire, une Génoise, très belle ; mais pas reçu, bien sûr. Personne ne lui rend visite.

"Je l'ai épousée!" M'écriai-je. "Impossible."

"C'est vrai, je vous l'assure."

Je portai la main à ma tête. J'avais l'impression d'avoir subi une chute ou un coup.

— Est-ce qu'elle… est-ce qu'elle y va ce soir ? J'ai hésité.

« Oh mon Dieu, oui, il l'accompagne partout, il ne le perd jamais des yeux. Tu la verras, la bella Duchesse !

Sur ce, mon informateur a ri, s'est encore frotté les mains et est retourné à son bureau.

La journée s'écoula, je ne sais à peine comment, sinon que toute mon âme était dans un tumulte de rage et d'amertume. Je suis revenu de mon après-midi de travail vers 19 h 25 et à 10 h 30 j'étais de nouveau à la gare. J'avais examiné le moteur ; donné des instructions au Fochista , ou chauffeur, concernant l'incendie ; veiller à l'approvisionnement en pétrole; et tout était prêt, quand, au moment où j'allais comparer ma montre avec l'horloge du guichet, une main se posa sur mon bras, et une voix à mon oreille dit :

« Es-tu le conducteur de la locomotive qui conduit ce train spécial ? »

Je n'avais jamais vu l'orateur auparavant. C'était un petit homme brun, emmitouflé jusqu'au cou, avec des lunettes bleues, une grande barbe noire et son chapeau baissé sur les yeux.

« Vous êtes un homme pauvre, je suppose, » dit-il dans un murmure rapide et enthousiaste, « et, comme les autres hommes pauvres, vous ne vous opposeriez pas à une meilleure situation. Voudriez-vous gagner quelques milliers de florins ?

"De quelle manière?"

"Faire taire! Vous devez vous arrêter à Padoue, n'est-ce pas, et continuer à Ponte di Brenta ?

J'ai hoché la tête.

« Supposons que vous n'ayez rien fait de tel. Supposons qu'au lieu de couper la vapeur, vous sautiez du moteur et que vous laissiez le train continuer ?

"Impossible. Il y a soixante-dix mètres de remblai disparus, et…

« Basta ! Je sais que. Sauvez-vous et laissez le train continuer. Ce ne serait rien d'autre qu'un accident.

J'ai eu chaud et froid; J'ai tremblé ; mon cœur battait vite et ma respiration était coupée.

"Pourquoi me tentes-tu?" J'ai hésité.

« Pour l'amour de l'Italie », murmura-t-il ; « pour l'amour de la liberté. Je sais que vous n'êtes pas Italien ; mais, malgré cela, vous pouvez être un ami. Ce Loredano est l'un des ennemis les plus acharnés de son pays. Attendez, voici les deux mille florins.

Je repoussai violemment sa main.

"Non, non," dis-je. « Pas d'argent du sang. Si je le fais, je ne le fais ni pour l'Italie ni pour de l'argent ; mais pour se venger.

« Pour se venger ! » Il a répété.

A ce moment, le signal fut donné pour reculer vers la plate-forme. J'ai bondi à ma place sur le moteur sans un autre mot. Lorsque j'ai de nouveau regardé vers l'endroit où il se tenait, l'étranger avait disparu.

Je les vis prendre place : le duc et la duchesse, le secrétaire et le prêtre, le valet et la servante. Je vis le chef de gare les faire monter dans la voiture et se tenir tête nue près de la porte. Je ne pouvais pas distinguer leurs visages ; la plate-forme était trop sombre et l'éblouissement du moteur en feu était trop fort ;

mais j'ai reconnu sa silhouette majestueuse et l'équilibre de sa tête. Si on ne m'avait pas dit qui elle était, j'aurais dû la connaître uniquement par ces traits. Alors le sifflet du garde retentit, et le chef de gare fit sa dernière révérence ; J'ai allumé la vapeur ; et nous avons commencé.

Mon sang était en feu. Je n'ai plus tremblé ni hésité. J'avais l'impression que chaque nerf était de fer et chaque pouls avait un but mortel. Elle était en mon pouvoir et je me vengerais. Elle devait mourir, elle pour qui j'avais souillé mon âme du sang de mon ami ! Elle devrait mourir, dans la plénitude de sa richesse et de sa beauté, et aucune puissance sur terre ne devrait la sauver !

Les stations passèrent. J'ai mis plus de vapeur ; J'ai ordonné au pompier de mettre le coca et de remuer la masse flamboyante. J'aurais devancé le vent si cela avait été possible. De plus en plus vite – des haies et des arbres, des ponts et des gares défilant – des villages à peine aperçus qu'ils ont disparu – des fils télégraphiques se tordant, s'inclinant et s'enroulant en un seul, avec la terrible rapidité de notre pas ! De plus en plus vite, jusqu'à ce que le pompier à mes côtés ait l'air blanc et effrayé et refuse d'ajouter du combustible dans le four. De plus en plus vite, jusqu'à ce que le vent s'engouffre dans nos visages et repousse le souffle sur nos lèvres.

J'aurais dédaigné de me sauver. Je voulais mourir avec les autres. Aussi fou que j'étais – et je crois au fond de mon âme que j'étais complètement fou à l'époque – j'ai ressenti un pincement de pitié passagère pour le vieil homme et sa suite. J'aurais aussi épargné le pauvre garçon qui était à mes côtés, si je l'avais pu ; mais l'allure à laquelle nous allions rendait la fuite impossible.

Vicence était dépassée : simple vision confuse de lumières. Pojana est passée par là. A Padoue, mais distante de neuf milles, nos passagers devaient descendre. J'ai vu le visage du pompier tourné vers moi en signe de remontrance ; J'ai vu ses lèvres bouger, même si je n'ai pas pu entendre un mot ; Je vis son expression passer soudain de la remontrance à une terreur mortelle, et puis... Dieu miséricordieux ! puis, pour la première fois, je vis que lui et moi n'étions plus seuls sur le moteur.

Il y avait un troisième homme – un troisième homme debout à ma droite, comme le pompier se tenait à ma gauche – un homme grand et robuste, avec des cheveux courts et bouclés et une casquette écossaise plate sur la tête. Alors que je reculais sous le premier choc de surprise, il s'approcha ; j'ai pris ma place à la machine et j'ai coupé la vapeur . J'ouvris les lèvres pour lui parler ; il tourna lentement la tête et me regarda en face.

Matthieu Prix !

J'ai poussé un long cri sauvage, j'ai levé mes bras au-dessus de ma tête et je suis tombé comme si j'avais été frappé avec une hache.

Je suis prêt à faire face aux objections qui pourraient être faites à mon histoire. Je m'attends naturellement à ce qu'on me dise qu'il s'agit d'une illusion d'optique, ou que je souffrais d'une pression sur le cerveau, ou même que je souffrais d'une crise de folie passagère. J'ai déjà entendu tous ces arguments et, si l'on me permet de le dire, je n'ai aucune envie de les entendre à nouveau. Ma propre opinion est prise sur ce sujet depuis de nombreuses années. Tout ce que je peux dire, tout ce que je *sais*, c'est que Matthew Price est revenu d'entre les morts pour sauver mon âme et la vie de ceux que, dans ma rage coupable, j'aurais précipité vers la destruction. Je crois cela tout comme je crois à la miséricorde du Ciel et au pardon des pécheurs repentants.

LA FIN

www.ingramcontent.com/pod-product-compliance
Lightning Source LLC
LaVergne TN
LVHW091244180726